A REPRODUÇÃO HUMANA ASSISTIDA *na* SOCIEDADE *de* CONSUMO

2021

CARLA *Froener*
MARCOS *Catalan*

2021 © Editora Foco

Autores: Marcos Catalan e Carla Froener
Editor: Roberta Densa
Diretor Acadêmico: Leonardo Pereira
Revisora Sênior: Georgia Renata Dias
Capa: Leonardo Hermano
Projeto Gráfico e Diagramação: Ladislau Lima e Aparecida Lima
Imagem de capa: Egon Schiele, 1917 - The Embrace
Impressão miolo e capa: Gráfica FORMA CERTA

Dados Internacionais de Catalogação na Publicação (CIP)

F926r

Froener, Carla

A reprodução humana assistida na sociedade de consumo / Carla Froener, Marcos Catalan. - Indaiatuba, SP : Editora Foco, 2020.

128 p. : 14cm x 21cm.

ISBN: 978-65-5515-061-2

1. Reprodução humana assistida. 2. Sociedade de consumo. 3. Direito civil. I. Catalan, Marcos. II. Título.

2020-845   CDD 347.63   CDU 346.0135

Elaborado por Vagner Rodolfo da Silva - CRB-8/9410

Índice para catálogo sistemático:

1. Direito civil : Reprodução humana assistida 347.63
2. Direito civil : Reprodução humana assistida 346.0135

DIREITOS AUTORAIS: É proibida a reprodução parcial ou total desta publicação, por qualquer forma ou meio, sem a prévia autorização da Editora Foco, com exceção do teor das questões de concursos públicos que, por serem atos oficiais, não são protegidas como Direitos Autorais, na forma do Artigo 8º, IV, da Lei 9.610/1998. Referida vedação se estende às características gráficas da obra e sua editoração. A punição para a violação dos Direitos Autorais é crime previsto no Artigo 184 do Código Penal e as sanções civis às violações dos Direitos Autorais estão previstas nos Artigos 101 a 110 da Lei 9.610/1998.

NOTAS DA EDITORA:

Atualizações do Conteúdo: A presente obra é vendida como está, atualizada até a data do seu fechamento, informação que consta na página II do livro. Havendo a publicação de legislação de suma relevância, a editora, de forma discricionária, se empenhará em disponibilizar atualização futura. Os comentários das questões são de responsabilidade dos autores.

Bônus ou *Capítulo On-line*: Excepcionalmente, algumas obras da editora trazem conteúdo extra no *on-line*, que é parte integrante do livro, cujo acesso será disponibilizado durante a vigência da edição da obra.

Erratas: A Editora se compromete a disponibilizar no site www.editorafoco.com.br, na seção Atualizações, eventuais erratas por razões de erros técnicos ou de conteúdo. Solicitamos, outrossim, que o leitor faça a gentileza de colaborar com a perfeição da obra, comunicando eventual erro encontrado por meio de mensagem para contato@editorafoco.com.br. O acesso será disponibilizado durante a vigência da edição da obra.

Impresso no Brasil (500 exemplares) (10.2020) • Data de Fechamento (10.2020)

2021

Todos os direitos reservados à
Editora Foco Jurídico Ltda.

Rua Nove de Julho, 1779 – Vila Areal
CEP 13333-070 – Indaiatuba – SP

E-mail: contato@editorafoco.com.br
www.editorafoco.com.br

Sumário

1. ANTECIPANDO O CAMINHO A SER TRILHADO 1

2. A ESPETACULARIZAÇÃO DA VIDA NA REPRODUÇÃO HUMANA ASSISTIDA: ENTRE A GESTAÇÃO DE BENS DE CONSUMO E A SUBLIMAÇÃO DE RISCOS INTOLERÁVEIS 5

3. A COLONIZAÇÃO DA REPRODUÇÃO HUMANA ASSISTIDA PELO MERCADO: SOBRE FELICIDADE, FRUSTRAÇÃO E OUTRAS QUESTÕES NÃO NOTADAS PELO DIREITO ... 15

4. A REGULAÇÃO JURÍDICA DA REPRODUÇÃO HUMANA ASSISTIDA NO BRASIL: UM MOSAICO EM MOVIMENTO 27

5. BREVÍSSIMAS NOTAS SOBRE UM PROJETO QUE NÃO DEVE SER TRANSFORMADO EM LEI 59

6. OBJETIFICAÇÃO DO HUMANO E VIRTUALIZAÇÃO DAS RELAÇÕES SOCIAIS: INTERSECÇÕES COM A REPRODUÇÃO HUMANA ASSISTIDA 63

7. OFERTA, PUBLICIDADE E REPRODUÇÃO HUMANA ASSISTIDA NO BRASIL 75

8. A PUBLICIDADE, VIA *INTERNET*, DA REPRODUÇÃO HUMANA ASSISTIDA: UM ENSAIO EMPÍRICO 89

9. ANTES QUE AS CORTINAS DE FECHEM 107

REFERÊNCIAS 109

1

ANTECIPANDO O CAMINHO
A SER TRILHADO

A Biologia mostrou à humanidade que a reprodução humana pode ser pensada como uma loteria[1] que tem início, em regra e, ao menos por ora, na união das células germinativas feminina e masculina[2] – inicialmente, dentro do corpo humano – e que encontra seu clímax no nascimento de mais um ser. Ela revelou também, em julho do ano de 1978[3], manifesta e apoteótica mutação ao comunicar a existência de *Louise Joy Brown*, o primeiro bebê de proveta do planeta.

Este estudo busca explorar questões ligadas ao universo da *reprodução humana assistida* com uma peculiaridade: o uso de lentes epistêmicas forjadas no *Espetáculo* roteirizado por Debord[4]. Envolta por esse contexto, a obra encontra-se ambientada em um espaço inegavelmente colonizado pelo Mercado, mesmo que até mui recen-

---

1. HARARI, Yuval Noah. *Homo Deus*: uma breve história do amanhã. Trad. Paul Geiger. São Paulo: Companhia das Letras, 2016. p. 61. "A reprodução humana é uma loteria. Uma anedota famosa – e provavelmente apócrifa – conta de uma conversa, em 1923, entre o prêmio Nobel de literatura Anatole France e a bela e talentosa dançarina Isadora Duncan. Debatendo o então popular movimento pela eugenia, Duncan disse: "Imagine só uma criança com a minha beleza e o seu cérebro!" France retrucou: "Sim, mas imagine uma criança com a minha beleza ...".
2. MOORE, Keith; PERSAUD, Vid. *Embriologia clínica*. Rio de Janeiro: Elsevier, 2008. p. 32.
3. FEMINA CENTRO DE REPRODUÇÃO HUMANA ASSISTIDA. *Histórico*. 2016. Disponível em: http://www.reproducaohumanafemina.com.br/medicina-reprodutiva/. Acesso em: 02 ago. 2016. Lesley Brown e seu marido buscavam, há anos, ter filhos. O diagnóstico: Lesley tinha as trompas de falópio bloqueadas. Percebendo-o, os médicos britânicos, Patrick Steptoe e Robert Edwards, especialistas em fertilidade, decidiram tentar algo pioneiro: uma fertilização *in vitro*, técnica utilizada apenas de modo experimental em animais. Pouco antes da meia-noite de 25 de julho de 1978, no hospital de Oldham em Bristol, nascia o primeiro bebê de proveta do mundo: Louise Joy Brown.
4. DEBORD, Guy. *A sociedade do espetáculo*. Trad. Estela dos Santos Abreu. Rio de Janeiro: Contraponto, 1997.

2 · A REPRODUÇÃO HUMANA ASSISTIDA NA SOCIEDADE DE CONSUMO

temente tenha servido de palco para um sem número de questões de ordem estritamente privada.

O percurso adiante trilhado foi pensado para permitir que o leitor (a) observe importantes aspectos no processo de mutação das famílias brasileiras, em especial, no tocante a algumas de suas conexões com a crescente busca da reprodução assistida, (b) entenda como o Mercado opera – por meio da publicidade e de outras práticas comerciais que transitam, muitas vezes, por sobre os umbrais da licitude[5] – e, ainda, (c) identifique a presença de riscos que, embora, usualmente não informados pelo Mercado, pululam na seara fenomênica. Ele pretende, ainda, (d) induzir o leitor que, porventura, tenha contato com esta investigação a refletir se o Direito brasileiro oferece a devida e necessária proteção às mulheres ou às famílias que recorrem à reprodução humana assistida buscando a realização de projetos parentais.

É preciso antecipar, ainda, que a utopia que impulsionou nossas penas ao longo de aproximadamente cinco anos conduziu à bricolagem de reflexões espalhadas por temas que às vezes parecem deveras distantes uns dos outros como (a) a espetacularização da vida, (b) a colonização da reprodução humana pelo Mercado e (c) a regulação jurídica do tema no Brasil.

O trabalho entrelaça investigação teórica e empírica.

As fontes bibliográficas visitadas têm as cores da interdisciplinaridade. A pesquisa de campo analisa *sites* de clínicas médicas que recorrem à semiótica para *espetacularizar* a reprodução humana assistida e, obviamente, lucrar com isso, aparentemente, nem sempre respeitando as regras que se propõem, abstratamente, a tutelar os consumidores brasileiros. A *Internet* foi utilizada como o artefato cultural que permitiu transitar por entre os mundos *online* e *offline*.

Os dados utilizados ao longo deste trabalho foram pinçados intencionalmente – sem neutralidade, tampouco, aleatoriedade – dos apontados *websites*, páginas que muitas vezes prometem que a felicidade estará contida no nascimento dos filhos não havidos até então.

Informe-se, ainda, que:

---

5. PITOL, Yasmine Uequed; CATALAN, Marcos. El acoso de consumo en el derecho brasileño. *Revista Crítica de Derecho Privado*, Montevideo, v. 14, p. 759-778, 2017.

1 • ANTECIPANDO O CAMINHO A SER TRILHADO

(a) o pensamento crítico[6] orientou o lapidar das muitas ideias que, ao serem aqui fundidas umas às outras, deram forma e vida a este texto,

(b) a imaginação jus-sociológica antecedeu cada momento de sua redação[7], cada ir e vir das quatro mãos que escreveram estas páginas e,

(c) a literatura jurídica e não jurídica foi o sopro que deu vida a cada linha ora cosida.

Registre-se, enfim, a gratidão tanto ao CNPq como à Universidade La Salle pelo incomensurável apoio à realização desta pesquisa, uma investigação gestada entremeio a vigência dos projetos de investigação científica intitulados: *Abrindo fissuras nas paredes da sociedade do espetáculo* (2015-2018) e *Proteção do consumidor à deriva: uma tentativa de identificação do estado da arte em matéria de tutela consumerista no Superior Tribunal de Justiça* (2019-2021), bem como à inestimável contribuição teórica aportada pelo professor Germano Schwartz quando da elaboração da dissertação que permitiu a gênese deste livro.

---

6. FACHIN, Luiz Edson. *Teoria crítica do direito civil*. Rio de Janeiro: Renovar, 2000.
7. JACOBSEN, Michael Hviid; TESTER, Keith. Introdução. In BAUMAN, Zygmunt. *Para que serve a sociologia?* Trad. Carlos Alberto Medeiros. Rio de Janeiro: Zahar, 2015. p. 13-14. O estilo literário, conscientemente, incorporado às linhas que carregam consigo os raciocínios aqui grafados, em boa medida, foi imantado pela assunção de postura metodológica denominada "imaginação [jus]sociológica" que visa a capacitar homens e mulheres a navegarem pelos significados de sua época de modo a compreenderem-no, permitindo, assim, a multiplicação das narrativas que chegam até eles. Seus critérios de validade são "narrativos e experimentais".

2

A ESPETACULARIZAÇÃO DA VIDA NA REPRODUÇÃO HUMANA ASSISTIDA: ENTRE A GESTAÇÃO DE BENS DE CONSUMO E A SUBLIMAÇÃO DE RISCOS INTOLERÁVEIS

Muito antes de sua sistematização científica – ao menos nas sociedades ocidentais, legatárias do Cristianismo –, a sacralização da família e a mitificação da figura paterna acabaram por legitimar, de algum modo,

(a) a atribuição, ao *pater famílias*, da possibilidade de escolher entre a *vida e morte dos filhos*[1] – filhos que, curiosamente, lhe seriam atribuídos e receberiam o seu patronímico pelo tão só fato de aquele a ser chamado de *pai*, de *pater*, encontrar-se casado com a gestante[2] – e,

(b) do direito de eleger entre a *vida e morte da esposa*, adúltera, diante da imposição social atada à pretensão de assegurar fictícia efetividade ao brocardo *pater ist est*[3].

A arqueologia das famílias ocidentais acabou revelando, ademais, que, em tal processo, à mulher foram reservados papeis manifestamente secundários[4]. Coadjuvante, também, no momento da concepção, ela haveria de ser semeada por um homem esperando-se dela, tão somente, que possuísse um bom ventre.

---

1. ARIÈS, Philippe. *História social da criança e da família*. Trad. Dora Flaksman. 2ª ed. Rio de Janeiro: LTC, 1981.
2. AGUIRRE, João. Reflexões sobre a multiparentalidade e a repercussão Geral 622 do STF. *Revista Eletrônica Direito e Sociedade*, v. 5, n. 1, p. 269-291, maio 2017.
3. ENGELS, Friedrich. *A origem da família, da propriedade privada e do estado*. Trad. José Silveira Paes. São Paulo: Global, 1984.
4. VEYNE, Paul. *História da vida privada*: do império romano ao ano mil. São Paulo: Companhia das Letras, 2009.

6 | A REPRODUÇÃO HUMANA ASSISTIDA NA SOCIEDADE DE CONSUMO

Na Roma antiga, o direito havia criado uma filiação paterna exclusiva, quase totalmente dissociada do enraizamento natural da maternidade na gravidez e no parto. O feto já formado era chamado *partus*, pronto para ser parido por uma mulher 'definida' por esta função como *parturiente*. Mas, ao lado dessa realidade obstétrica natural, era criada uma realidade – ou ficção – jurídica que designava todo embrião contido no útero de uma mulher grávida como futuro filho e herdeiro eventual de um *pater famílias*. Curiosamente, mas de modo muito significativo, esse filho potencial do pai é chamado pelo nome de *venter*, ventre ou matriz. Não somente a mulher grávida é reduzida ao papel de matriz em uma linhagem que é apenas paterna, mas esta própria matriz é, ela mesma, assimilada a seu conteúdo, que ocupa de fato seu lugar de futuro filho e herdeiro do pai. Fundamentalmente, antes mesmo de nascer, o "ventre" tem existência jurídica autônoma em relação ao corpo materno[5].

Nesse universo – e para muito além do referido corte temporal – os problemas no campo da infertilidade acabaram sendo atribuídos, com exclusividade, à esposa, embora, curiosamente, aos olhos do direito privado, *a impossibilidade de gerar filhos em seu ventre* não legitimasse – como ainda parece não legitimar – a dissolução do casamento[6], como sói ocorrer, por exemplo, nas hipóteses de *impotência coeundi* e de erro essencial sobre a pessoa.

A procriação, atualmente, não é mais um dos fins do casamento. Ela tampouco o pressupõe.

Tais questões, mesmo que obnubiladas por espectros vindos do passado e que insistem em transitar por entre as muitas sombras que ganham forma no contexto do senso comum imaginário, ajudam a perceber tanto a náusea incitada pelo movimento de fragmentação da arquitetura familiar no Ocidente[7] como o irrefreável avançar de

---

5. ATLAN, Henri. *O útero artificial*. Trad. Irene Ernest Dias. Rio de Janeiro: Fiocruz, 2006. p. 90.
6. PONTES DE MIRANDA, Francisco Cavalcanti. *Tratado de direito privado*. t. VII, Rio de Janeiro: Borsoi. 1955. p. 266-275.
7. PINTO, Gerson Neves; BARRETO, Vicente de Paulo. *O direito e suas narrativas*. Porto Alegre: LAEL, 2016. p. 86. "O fato de as mulheres poderem dominar integralmente a procriação, do pai não ser mais, necessariamente, o genitor nem o parceiro da mãe, e também dos homossexuais terem a possibilidade de participar do processo de filiação seriam situações que poderiam significar que finalmente a família está condenada [...]?

2 • A ESPETACULARIZAÇÃO DA VIDA NA REPRODUÇÃO HUMANA ASSISTIDA   7

uma bruma incontestavelmente gestada pelo avanço prometeico da técnica[8] na biotecnologia, robótica e transumanismo.

Em algum ponto alocado nesse abstruso cenário, oriundos da relação havida entre o Direito e a Sociedade, eclodem, nos campos outrora semeados por intérpretes da pandectística com as sementes do purismo conceitual, importantes aspectos que permitem antever a inconteste ressignificação da família, melhor, que permitem visualizar o nascimento de *famílias* intencionalmente grafadas no plural.

Talvez, mais que isso. A Contemporaneidade presenciou o renascer de famílias eudemonistas, esboçadas com tons alegres espalhados por sobre telas que retratam as muitas possibilidades léxicas enraizadas no termo εὐδαίμων, *eudaimon*, signo que chega ao vernáculo podendo ser significado enquanto estrada até a felicidade. Consoante a lógica eudemonista, o exercício de incomensuráveis liberdades positivas[9] poderá vir a ser vivenciado, independentemente de permissão legislativa, nos múltiplos espaços de coexistência, ternura e afetividade[10] fundidos aos núcleos conjugais e (ou) parentais existentes na dimensão fenomênica; afinal, o Direito se reafirma, é possível percebê-lo, quando do desrespeito a seus comandos.

Nessa esteira, uma família, atualmente, não pressupõe – como exigido até pouquíssimo tempo pelo Direito – o casamento. A sua constituição dispensa relações sexuais, deixando de ser um lenitivo hipócrita para a concupiscência. Ela não exige, ademais, sequer e (ou) exclusivamente, pessoas com sexos distintos ante a valorização do gênero: *do gênero humano*.

Por óbvio nem todo agrupamento humano é uma família. Incontáveis relações inegavelmente marcadas pelo convívio público e duradouro, por conexões ou fios biológicos dos mais variados matizes, ou mesmo, configuradas por meio de arranjos genéticos

---

É uma questão que muitos [formulam]. No entanto, há que se levar em conta que a família jamais foi tão demandada [e a ela] ninguém deseja renunciar".

8.   MASI, Domenico de. A sociedade pós-industrial. In MASI, Domenico de. *A sociedade pós-industrial*. 4ª ed. Trad. Anna Maria Capovilla et all. São Paulo: Senac, 2003.

9.   RUZYK, Carlos Eduardo Pianovski. *Institutos fundamentais do direito civil e liberdade(s)*: repensando a dimensão funcional do contrato, da propriedade e da família. Rio de Janeiro: GZ, 2010.

10. FACHIN, Luiz Edson; RUZYK, Carlos Eduardo Pianovski. *Código civil comentado*: direito de família – casamento. São Paulo: Atlas, 2003. p. 17. v. 15.

8 | A REPRODUÇÃO HUMANA ASSISTIDA NA SOCIEDADE DE CONSUMO

estatisticamente pouco frequentes não receberão molduras que permitam identificá-las como uma família[11].

Sendo-o, entretanto, enquanto construção social, tal qual a geografia das dunas, vivenciam ininterrupto processo de transformação, sendo possível perceber, atualmente, que ajustes normalmente diárquicos – às vezes, anárquicos – parecem ter influenciado a derrocada de um modelo hierarquicamente formatado para submeter, de modo servil e a quase todos, aos mais pueris caprichos de um ser que, muitas vezes, no exercício do papel de chefe de família[12], em regra, atraia para si os atributos de proprietário – nobre, aristocrata ou burguês, pouco importa aqui –, contratante e testador, preferencialmente, nessa ordem, qualidades que deveriam ser antecedidas, inexoravelmente, por outro adjetivo: masculino.

A apreciação crítica da arquitetura jurídica das famílias brasileiras permite, ainda, rasgar outros véus que envolvem o *senso comum*[13]. Nelas, sequer filhos são necessários[14]. *Double income, no kids.* Um a cada cinco casais, no Brasil[15], vivencia o contexto no qual a prole não é pensada como dever, tampouco, como resultado da experimentação, intencional (ou não) de necessidades biológicas.

---

11. BRASILEIRO, Luciana; HOLANDA, Maria Rita. A proteção da pessoa nas famílias simultâneas. In EHRHARDT, Marcos et al (Org.). *Direito civil constitucional*: a ressignificação dos institutos fundamentais do direito civil contemporâneo e suas consequências. Florianópolis: Conceito, 2014. p. 495-497.
12. CARVALHO SANTOS, J. M. de. *Código civil interpretado*: principalmente do ponto de vista prático – direito de família. 4ª ed. Rio de Janeiro: Freitas Bastos, 1953. p. 8-12. v. 4.
13. STRECK, Lenio. *Dicionário de hermenêutica*. São Paulo: Casa do Direito, 2017.
14. FONSECA, Cláudia. Concepções de família e práticas de intervenção: uma contribuição antropológica. *Saúde e Sociedade,* São Paulo, v. 14, n. 2, p. 50-59, maio/ago. 2005. p. 51-52. Oportuno lembrar com a autora que a concepção de família flutua consoante a hierarquia social e seu modo de vida. Entre as classes economicamente favorecidas a família é pensada como linhagem, normalmente, linear, unindo pais e filhos. Nas classes menos favorecidas, a família se estende horizontalmente, em rede, e acaba envolvendo irmãos, tios, primos, ex-sogros, compadres e até amigos.
15. IBGE. *Síntese de indicadores sociais*: uma análise das condições de vida da população brasileira. Rio de Janeiro: IBGE, 2015. p. 40. A pesquisa revela que o "arranjo familiar com parentesco mais comum foi o composto por casal com filhos, mas houve diminuição desse indicador no período: de 51,0%, em 2004, passou a 42,9%, em 2014. O arranjo formado por casais sem filhos tem ganhado importância e se tornou o segundo em participação [19,9% em 2014], enquanto a proporção de arranjos formados por mulher sem cônjuge e com filhos diminuiu ligeiramente a participação no período. Outros tipos de arranjos correspondiam a 6,3% do total de arranjos em 2014".

2 • A ESPETACULARIZAÇÃO DA VIDA NA REPRODUÇÃO HUMANA ASSISTIDA 9

Ressignificados, enquanto ideia, exsurgem no presente como frutos de projetos de vida a serem experimentados[16] nos exatos termos roteirizados pela *Fortuna* ou, se preferir o leitor, consoante os caprichos da deusa *Libera* e com lastro nas múltiplas e, quase sempre, não antecipáveis variáveis que hão de informar as vidas de cada ser humano, ainda que, é preciso reconhecer, a medicina possa facilitar o acesso aos projetos parentais em um sem número ocasiões.

E, caso esse venha a ser o caminho a ser eleito, a ser experimentado – se é que se trata de opção em muitas das situações havidas nos campos das relações sociais[17] –, os recentes avanços da técnica permitirão driblar muitas das limitações biológicas identificadas, até bastante recentemente, como barreiras intransponíveis nos cenários da reprodução humana[18].

Uma revolução que, como antecipado, teve início em julho de 1978, na Inglaterra, com o nascimento de Louise Brown, o primeiro bebê de proveta, e que, desse lado do Atlântico, exigiu um pouco mais de espera – Ana Paula nasceu em outubro de 1984[19] – e que, certamente, ainda, não encontrou seu ponto final.

Aliás – e descartada aqui, a clonagem humana, também pela violência ética que ela representa e potencialmente difunde[20] –,

---

16. BAUDIN, Thomas Baudin; DE LA CROIX, David; GOBBI, Paula. DINKs, DEWKs & Co. Marriage, Fertility and Childlessness in the United States. 2012. Disponível em https://halshs.archives-ouvertes.fr/hal-00993307/document, em 14 jun. 2017. "*Childlessness is no longer necessarily a fate, it can also be a choice*".
17. SCHÜTZ, Alfred. *Sobre fenomenologia e relações sociais*. Petrópolis: Vozes, 2012.
18. CERUTTI, Eliza. Gestação por substituição: o que o Brasil pode aprender com a experiência estrangeira. *Revista de Nacional de Direito de Família e Sucessões*, Porto Alegre, v. 12, p. 14-30, maio/jun. 2016.
19. FEMINA CENTRO DE REPRODUÇÃO HUMANA ASSISTIDA. *Histórico*. 2016. Disponível em: http://www.reproducaohumanafemina.com.br/medicina-reprodutiva/. Acesso em: 02 ago. 2016. Ana Paula Candeias nasceu na cidade de Curitiba, Estado do Paraná. Para a sua fertilização, utilizaram-se óvulos doados, já que sua mãe não tinha condições de produzi-los.
20. ATLAN, Henri. *O útero artificial*. Trad. Irene Ernest Dias. Rio de Janeiro: Fiocruz, 2006. p. 90. "Pois existem outras razões além da menção errônea a cópias idênticas para proibir a clonagem reprodutiva humana, mesmo na eventualidade de que ela seja biologicamente 'segura', pelo menos tanto quanto as outras técnicas [existentes]. Essas razões, como hipótese, não seriam biológicas na medida em que essa prática se mantivesse circunscrita a casos pouco frequentes e não se tornasse o modo de reprodução normal da espécie humana, [situação que poria em risco a diversidade genética]. Não achamos também que elas sejam razões metafísicas ou religiosas, a menos que se vinculem a uma religião ou moral naturalista, que proscreva qualquer intervenção humana no desenrolar natural

10 A REPRODUÇÃO HUMANA ASSISTIDA NA SOCIEDADE DE CONSUMO

embora a procriação siga, ainda, a depender da união dos gametas masculino e feminino[21], os avanços no campo da técnica[22], sem dúvida, desarticularam a *relação causal natural*[23] pressuposta, até recentemente, em tais contextos.

Atualmente, a procriação sem contato sexual, a dissociação entre ascendência genética, maternidade e gestação e, ainda, a fusão de óvulos e (ou) de estruturas embrionárias[24] são algumas das possibilidades derivadas de intervenções médicas aptas a produzirem a vida por meio (a) do *approach* entre espermatozoides e óvulos e entre aqueles e o útero feminino, (b) da fusão dos gametas dos titulares dos projetos parentais ou de terceiros no interior do corpo da mãe ou da mulher disposta a, gratuitamente, servir como *gestatrix*[25] – no Brasil, a onerosidade é vedada – ou, ainda, dentre outras possibilidades, (c) da implantação de embriões na mucosa intrauterina[26] feminina.

O uso d´outras lentes epistêmicas permite visualizar, ainda, em cenários marcados pela complexidade, que a emancipação da mulher também parece estar influenciando a procura pela reprodução humana assistida, eis que a gravidez – planejada, pensada como projeto – segue sendo adiada[27], consoante pode ser observado na

---

das coisas. Mas existem razões sociais igualmente fortes, que faríamos mal em desprezar, mesmo que pareçam menos 'absolutas'. Podemos citar os transtornos da filiação (um filho ou uma filha seriam ao mesmo tempo irmão ou irmã, gêmeo ou gêmea, mais ou menos deslocado no tempo), os riscos de racismo anticlones e, de modo geral, toda forma de instrumentalização de uma criança por nascer, concebida como um meio de perpetuar um genoma fetichizado a ser reproduzido".

21. HÉRITIER, Françoise. A coxa de Júpiter – reflexões sobre os novos modos de procriação. *Estudos Feministas,* Florianópolis, a. 8, 1º semestre, p. 98-114, 2000. p. 98.
22. MALUF, Adriana Caldas do Rego Dabus. *Curso de bioética e biodireto.* São Paulo: Atlas, 2010. p. 153.
23. STRATHERN, Marilyn. A antropologia e o advento da fertilização *in vitro* no reino unido: uma história curta. *Cadernos Pagu*, v. 33, p. 09-55, jul./dez. 2009. p. 30.
24. CASTRO, Rosa J. Mitochondrial replacement therapy: the UK and US regulatory landscapes. *Journal of Law and the Biosciences*, v. 3, i. 3, p. 726–735, dec. 2016. p. 728.
25. CERUTTI, Eliza. Gestação por substituição: o que o Brasil pode aprender com a experiência estrangeira. *Revista Nacional de Direito de Família e Sucessões*, Porto Alegre, v. 2, n. 12, p. 14–30, maio/jun., 2016.
26. ALVES, Sandrina Maria Araújo Lopes; OLIVEIRA, Clara Costa. Reprodução medicamente assistida: questões bioéticas. *Revista Bioética*, Brasília, v. 22, n. 1, p. 66-75, 2014. p. 68.
27. A propagação de métodos contraceptivos, a ênfase dada à realização profissional e a busca de estabilidade financeira, bem como, a recomposição de núcleos conjugais são algumas das principais causas deste fenômeno.

leitura de dados produzidos pelo Ministério da Saúde, segundo os quais o percentual de mães aos 30 anos (ou mais) saltou de 22,5%, no início do século XXI, para mais de 35,1%, em 2018, como demonstra a tabela reproduzida adiante.

Tabela 01

Fonte: IBGE

Ao mesmo tempo, a reprodução humana medicamente assistida espraia-se pelo *dantesco* campo da seleção genética. Em alguns cenários[28] linhas muito tênues separam as expectativas subjetivamente construídas pelos titulares de projetos parentais de práticas eticamente controversas[29], práticas que se aproximam, perigosamente, da eugenia por possibilitarem, desde a escolha de embriões sem alterações cromossômicas[30] até a seleção de características como sexo

---

28. SANDEL, Michael. *Contra a perfeição*: ética na era da engenharia genética. Trad. Ana Carolina Mesquita. Rio de Janeiro: Civilização Brasileira, 2013. HARARI, Yuval Noah. *Homo Deus*: uma breve história do amanhã. Trad. Paul Geiger. São Paulo: Companhia das Letras, 2016.
29. HABERMAS, Jürgen. *O futuro da natureza humana*: a caminho de uma eugenia liberal? Trad. Karina Jannini. São Paulo: Martins Fontes, 2004. p. 84-87. Ao tratar sobre os limites morais da eugenia, o autor afirma que a programação eugênica restringe a liberdade de escolha da vida própria em prol das preferências pessoais dos genitores. Tais intervenções buscam o aperfeiçoamento, mas o fazem de forma irreversível, impedindo a pessoa de se compreender livremente como autor único de sua vida.
30. WOLFF, Philip; MARTINHAGO, Ciro Dresch; UENO, Joji. Diagnóstico Genético Pré-Implantacional: Uma ferramenta importante para a rotina da fertilização in vitro? *Femina*, São Paulo, v. 37, n. 6, p. 297-303, jun. 2009. p. 297. Consoante os autores, o diagnóstico genético pré-implantacional permite a seleção de embriões saudáveis obtidos por meio de programas de fertilização *in vitro* antes de serem transferidos para

12 A REPRODUÇÃO HUMANA ASSISTIDA NA SOCIEDADE DE CONSUMO

e cor da pele ou dos olhos[31] do *futuro* bebê e, em um futuro bastante próximo, é factível supor, da tonicidade muscular, da altura e dos coeficientes de inteligência[32].

As preocupações ético-jurídicas vão além, concentrando-se ainda

> *en la posibilidad de realizar terapias génicas en línea germinal. Modificar el genoma en línea germinal implica que los cambios afectarán las futuras generaciones. Podría pensarse que ello no es problemático, porque se trata, precisamente, de haber corregido una enfermedad. Sin embargo, una modificación genética puede acarrear – especialmente en etapas iniciales o experimentales – efectos colaterales, riesgos. Y todo eso sin el consentimiento de los descendentes[33].*

Tais possibilidades pululam em um cenário deveras preocupante, mormente, quando se identifica que um dos aspectos mais salientes na edificação da ideia de igualdade – aqui pensada enquanto condição fundante da cooperação em sociedade – consiste na probabilidade socialmente difundida de que alguém nasça são ou enfermo, talentoso ou incapaz, situação que, se manipulada por meio da engenharia genética, poderá produzir impactos bastante profundos no elã social o que inclui a sua desestabilização[34].

As referidas práticas, aliás, consoante recentemente identificado, em alguma medida, não podem ser dissociadas, por completo, do aborto seletivo de fetos do sexo feminino[35], detectado na Índia,

---

o útero materno. A técnica é extremamente invasiva, consistindo na análise de um pequeno fragmento do embrião, no qual é possível identificar aberrações cromossômicas.

31. SANDEL, Michael. *Contra a perfeição:* ética na era da engenharia genética. Trad. Ana Carolina Mesquita. Rio de Janeiro: Civilização Brasileira, 2013. p. 19.

32. RAMÍREZ-GALVEZ, Martha. Corpos fragmentados e domesticados na reprodução humana assistida. *Cadernos Pagu*, v. 33, p. 83-115, jul./dez. 2009. p. 90.

33. RIVERA LÓPEZ, Eduardo. *Problemas de vida o muerte:* diez ensayos de bioética. Madrid: Marcial Pons, 2011. p. 146-147.

34. RIVERA LÓPEZ, Eduardo. *Problemas de vida o muerte:* diez ensayos de bioética. Madrid: Marcial Pons, 2011. p. 146-147.

35. MOHANTY, Tapan Rajan. Law, liberty and life: a discursive analysis of PCPNDT Act. *Revista Eletrônica Direito e Sociedade*, Canoas, v. 03, n. 02, p. 97-120, nov. 2015. p. 98. O avanço das tecnologias de identificação de sexo e a cultura de preferência aos filhos do sexo masculino têm levado a Índia ao aumento exponencial de abortos de fetos do sexo feminino. Nas últimas décadas, o número de nascimento de mulheres está cada vez menor em relação à população masculina, gerando um problema social. A gravidade da situação conduziu o Legislativo indiano a legislar, proibindo que médicos e clínicas divulgassem o sexo do bebê aos genitores, sob pena de sanções, obrigando, ainda, que

2 • A ESPETACULARIZAÇÃO DA VIDA NA REPRODUÇÃO HUMANA ASSISTIDA · 13

enquanto efeito colateral – tão indesejado quanto cruel – fundido aos muitos tons de incerteza[36] que tingem as telas sobre as quais a contemporaneidade registra, dia após dia, alguns dos incomensuráveis instantes existenciais que marcam a coexistência humana, bem como outros incontáveis momentos nos quais reina o não Direito.

De outra banda a catalogação de perfis genéticos de doadores e de *fornecedores de gametas* – nem sempre há gratuidade no ato, permita-o, ou não, o Direito pátrio – aparece, aqui, como outra questão deveras preocupante[37] e, nesse ambiente, seres demasiadamente humanos têm tido suas características físicas, intelectuais e genéticas mapeadas e explicitadas em catálogos explorados por aqueles que buscam espermatozoides e óvulos alheios para a realização de seus projetos parentais[38].

O ser humano foi transformado em mercadoria[39], percebeu-o bem, Jean Baudrillard.

A vida tem sido ofertada em *sites* e em *outdoors*.

E ainda que seja bastante difícil não enaltecer a relevância da reprodução humana assistida – ainda que espetacularizada, consoante busca-se demonstrar ao largo deste texto – enquanto ferramenta

---

todas as máquinas de ultrassom sejam registradas e fiscalizadas pelo governo, com objetivo de coibir abusos.

36. OST, François. Tiempo y contrato: crítica del pacto fáustico. *Doxa*, Alicante, n. 25, p. 597-626, 2002.

37. GARCÍA, Francisco Córdoba. La privacidad genética: concepto, fundamentos y consecuencias. In BORRALLO, Enrique Anarte; MORENO, Fernando Moreno; GARCÍA RUIZ, Carmen (Coord.). *Nuevos conflictos sociales*: el papel de la privacidad. Madrid: Iustel, 2015. p. 21-45.

38. GRAZIUSO, Bruna Kern. Your body is a battleground: justiça reprodutiva e reprodução humana assistida na sociedade de consumo. Inédito. "Atualmente é fácil adquirir material genético para compra, com amplo banco de doadores de gametas femininos e masculinos disponíveis por diferentes quantias pecuniárias. Sociedades como *Egg Donation Inc.* estão no mercado desde o final dos anos 80, oferecendo vasto banco de dados de mulheres doadoras, que incluem em seus perfis informações médicas, genéticas e ancestralidade. Uma pequena biografia da candidata também é apresentada, juntamente com seu histórico educacional, quociente de inteligência (Q.I) e emprego. O mercado de consumo faz seu consumidor acreditar que não basta escolher um óvulo saudável de uma doadora saudável, mas sim precisa buscar o melhor óvulo, que dará origem a um "vencedor", uma pessoa moldada exatamente para se encaixar na sociedade de consumo atual".

39. BAUDRILLARD, Jean. *A sociedade de consumo*. Trad. Artur Morão. Lisboa: Edições 70, 2011.

14 A REPRODUÇÃO HUMANA ASSISTIDA NA SOCIEDADE DE CONSUMO

de afirmação da afetividade[40] nas relações familiares que se espraiam pelas mais distintas paisagens da geografia brasileira.

De fato, como grafado por ocasião da introdução, há prismas de análise que permitem vislumbrá-la em suas cores mais vibrantes e alegres, mormente, quando se tem em mente muitos dos frutos colhidos – melhor seria dizer, paridos – no exercício de direitos sexuais e reprodutivos[41], tema que, entretanto, reafirme-se, se encontra semeado em campos que ultrapassam as fronteiras metodológicas que emolduram essa investigação.

Enfim, produzida na união de gametas dos titulares do projeto parental ou de terceiros, gestada ou não pela titular do óvulo, fato é que a filiação haverá de ser vivenciada independentemente de existirem eventuais conexões biológicas e (ou) genéticas entre as múltiplas personagens que gravitam em concreto ao redor do ser que esperam ver nascer, questão que, aliás, encontra explícita guarida e tutela abstrata, na arcaica codificação civil[42] vigente no Brasil e não apenas nas múltiplas possibilidades de densificação do princípio da inocência[43] – usualmente denominado princípio do melhor interesse da criança –, não obstante, em alguma medida, tais soluções se encontrem alocadas em espaços deveras distantes dos pontos que exsurgem nas intersecções havidas entre a reprodução humana assistida e o *espetáculo* estimulado, diuturnamente, pelos "desígnios da razão mercantil [que conduz] à sujeição [do ser] e [muitas vezes] à negação da vida"[44] em sua expressão mais crua.

---

40. LÔBO, Paulo Luiz Netto. *Direito civil*: famílias. 3ª ed. São Paulo: Saraiva, 2010.
41. SCHIOCCHET, Taysa. Direitos sexuais a partir de uma perspectiva emancipatória: reconhecimento e efetividade no âmbito jurídico. In SALES, Gabrielle Bezerra; GONÇALVES, Camila Figueiredo Oliveira; CASTILHO, Natália Martinuzzi (Org.). *A concretização dos direitos fundamentais na contemporaneidade*. Fortaleza: Boulesis, 2016. v. 1. PIRES, Teresinha Teles. Procreative autonomy, gender equality and right to life: the decision of the Inter-American Court of Human Rights in Artavia Murillo versus Costa Rica. *Revista Direito GV*, São Paulo, v. 13, n. 3, set./dez. 2017. BUSNELLI, Francesco Donato. Il diritto della famiglia di fronte al problema della difficile integrazione delle fonti. *Rivista di Diritto Civile*, Padova, v. 62, n. 6, p. 1447-1478, nov./dez. 2016.
42. CC. 1593. O parentesco é natural e civil, conforme resulte da consanguinidade ou outra origem.
43. FACHIN, Luiz Edson. *Direito de família*: elementos críticos à luz do novo código civil brasileiro. 2ª ed. Rio de Janeiro: Renovar, 2003.
44. FREIRE FILHO, João. A sociedade do espetáculo revisitada. Revista FAMECOS, Porto Alegre, n. 22, p. 33-46, dez. 2003. p. 37.

3
A COLONIZAÇÃO DA REPRODUÇÃO HUMANA ASSISTIDA PELO MERCADO: SOBRE FELICIDADE, FRUSTRAÇÃO E OUTRAS QUESTÕES NÃO NOTADAS PELO DIREITO

O prisma que informa a análise aqui alinhavada permite identificar que a reprodução humana, ao ser colonizada pelo Mercado, roteirizou um *espetáculo* capaz de subverter a realidade e limitar, em alguma medida, a experiência humana à contemplação do não real, à sublimação de imagens e de aparências[1] e ao culto à superficialidade redutora da complexidade ao nível do visível[2].

No Espetáculo roteirizado por Debord, os seres humanos são espectadores[3] que vivenciarão, sensações que oscilam de estados contemplativos até algum nível de interação[4] consoante as situações da vida mundana vão sendo, uma a uma, comunicadas ao mundo, como se afere no relato nada novo de que médicos ingleses, pioneiros na reprodução da vida, antes mesmo de divulgarem suas conquistas em revistas especializadas, teriam vendido suas histórias a um tabloide londrino[5].

---

1. DEBORD, Guy. *A sociedade do espetáculo*. Trad. Estela dos Santos Abreu. Rio de Janeiro: Contraponto, 1997. p. 15-18.
2. SOUZA, Daniel Maurício Viana de. A teoria da "sociedade do espetáculo" e os mass media. *Revista Brasileira de Sociologia*, v. 2, n. 4, jul./dez. 2014. p. 250.
3. DEBORD, Guy. *A sociedade do espetáculo*. Trad. Estela dos Santos Abreu. Rio de Janeiro: Contraponto, 1997. p. 24.
4. SASSATELLI, Roberta. *Consumo, cultura y sociedad*. Buenos Aires: Amorrortu, 2012.
5. CORREA, Marilena. As novas tecnologias reprodutivas: uma evolução a ser assimilada. *Physis: Revista Saúde Coletiva*, Rio de Janeiro, v. 07, n. 01, p. 69-98, 1997. p. 75. DINIZ, Debora. Tecnologias reprodutivas, ética e gênero: o debate legislativo brasileiro. *Série Anis*, Brasília, v. 15, p. 01-10, out. 2000. p. 02.

16 A REPRODUÇÃO HUMANA ASSISTIDA NA SOCIEDADE DE CONSUMO

Aliás, no Brasil, muito antes de a reprodução humana assistida ser oferecida ao grande público – e, percebam, o recurso a fertilização assistida não ocorre apenas por ocasião do uso de técnicas tão complexas quanto economicamente onerosas –, a mídia televisiva a explorava, como se a *imagem* precedesse a *realidade*, consoante antevisto pela genialidade visionária de Debord[6].

Em 1990, estreou na televisão brasileira, a novela "Barriga de Aluguel". Nela, a fertilização *in vitro* e a maternidade por substituição permeavam os dias – e a angústia – vividos pela mãe genética e autora do projeto parental, em sua luta pela guarda do filho, custodiado pela *gestatrix*, tratada, na ocasião, como mãe substituta[7].

Duas décadas mais tarde, em 2012, a novela "Fina Estampa" fantasiou a vida de uma mulher cujos óvulos foram manipulados sem o seu consentimento e implantados noutra personagem que, por sua vez, buscava há algum tempo gerar um ser, sonhando ter um filho pela via biológica, apesar de sua reconhecida infertilidade[8].

É curioso notar como ambos os roteiros buscados nos porões da memória culminaram em dramáticas batalhas judiciais questionando a titularidade da parentalidade das crianças, embora, em momento algum, tenham estimulado, de fato, a promoção de qualquer discussão mais densa acerca dos limites éticos e (ou) jurídicos fundidos à reprodução humana assistida e (ou) à complexidade atada à experimentação de projetos parentais.

Da ficção à vida cotidiana, oportuno apontar, ademais, que a abordagem midiática, aliás, tal qual restará comprovado ao largo dessa obra, costuma descrever as tecnologias de reprodução humana como práticas extremamente simples, bastante acessíveis e, inegavelmente, inofensivas – mormente, por meio de belas imagens criadas

---

6. DEBORD, Guy. *A sociedade do espetáculo*. Trad. Estela dos Santos Abreu. Rio de Janeiro: Contraponto, 1997.
7. CATALAN, Marcos. Um ensaio sobre a multiparentalidade: explorando no ontem as pegadas que levarão ao amanhã. *Revista da Faculdade de Direito – UFPR*, Curitiba, n. 55, p. 143-162, 2012. p. 144.
8. CORREA, Marilena. LOYOLA, Maria Andréa. Novas tecnologias reprodutivas: novas estratégias de reprodução? *Physis: Revista Saúde Coletiva*, Rio de Janeiro, v. 09, n. 01, p. 209-234, 1999. p. 203.

3 • A COLONIZAÇÃO DA REPRODUÇÃO HUMANA ASSISTIDA PELO MERCADO

pela indústria publicitária[9] –, sendo incomuns referências às taxas de sucesso, aos riscos à saúde ou aos elevados custos financeiros[10] que estão, comumente, acoplados a tais procedimentos.

Eis aí alguns dos porquês do recurso e da constante alusão ao trabalho de Debord e ao *espetáculo* alocado nos palcos do capitalismo avançado, encenado em alguns dos espaços cenografados por um sistema econômico que parece realmente *acreditar* na possibilidade de desenvolvimento infinito ao criar, de forma ininterrupta, uma miríade de *pseudonecessidades*[11] em sua corrida frenética pelo lucro esperado por ocasião da colonização de muitos dos setores da vida privada[12], sem perceber as suas muitas contradições e incongruências[13].

Um cenário, como percebe o atento leitor, não só artificial[14] como bastante hostil ao exercício de distintas dimensões da liberdade humana[15] no qual imperam engrenagens que trabalham "*de manera permanente en reducir la inteligencia de sus agentes, en reemplazarla por automatismos que luego podrán ser materia de alternativas infernales*"[16].

---

9. FROENER, Carla. *A reprodução humana assistida e a sociedade do espetáculo*: a fragmentação do direito frente à publicidade via internet de tratamento de fertilização. Dissertação, Mestrado em Direito e Sociedade do Unilasalle, Canoas, 2016. No primeiro dos anexos apensos ao trabalho a pesquisadora – ora, coautora – mapeou os sites de mais de 100 clínicas de reprodução humana assistida no Brasil. O trabalho pode ser encontrado na Biblioteca da Unilasalle, em Canoas.

10. CORREA, Marilena. LOYOLA, Maria Andréa. Novas tecnologias reprodutivas: novas estratégias de reprodução? *Physis: Revista Saúde Coletiva*, Rio de Janeiro, v. 09, n. 01, p. 209-234, 1999.

11. DEBORD, Guy. *A sociedade do espetáculo*. Trad. Estela dos Santos Abreu. Rio de Janeiro: Contraponto, 1997. p. 34.

12. FREIRE FILHO, João. A sociedade do espetáculo revisitada. *Revista FAMECOS*, Porto Alegre, n. 22, p. 33-46, dez. 2003. p. 35.

13. JAPPE, Anselm. *Crédito à morte*: a decomposição do capitalismo e suas críticas. Trad. Robson de Oliveira. São Paulo: Hedra, 2013.

14. VIÈLE, Anne. Notas sobre una lectura de la brujería capitalista: potencia y generosidad del arte de prestar atención. In STENGERS, Isabelle; PIGNARRE, Philippe. *La brujería capitalista*. Trad. Victor Goldstein. Buenos Aires: Hekht, 2017. p. 213.

15. RUZYK, Carlos Eduardo Pianovski. *Institutos fundamentais do direito civil e liberdade(s)*: repensando a dimensão funcional do contrato, da propriedade e da família. Rio de Janeiro: GZ, 2010.

16. STENGERS, Isabelle; PIGNARRE, Philippe. *La brujería capitalista*. Trad. Victor Goldstein. Buenos Aires: Hekht, 2017. p. 66.

18 | A REPRODUÇÃO HUMANA ASSISTIDA NA SOCIEDADE DE CONSUMO

Também por isso olhos atentos percebem muita dramatização e quase nenhuma informação[17], apesar do sem número de comandos normativos que pulsam do reconhecimento, no Brasil:

(a) da fundamentalidade do direito do consumidor;

(b) da miríade de regras que, ao atribuírem densidade ao referido direito, criam formas que obrigam a avisar, comunicar, explicar, orientar, advertir e, ainda, a agir com lastro na prevenção e na precaução;

(c) da mesmíssima fundamentalidade utilizada para significar deveres gestados no princípio do melhor interesse da criança[18]; e

(d) da inafastável leitura de todas as regras que gravitam, em abstrato, ao redor do referido princípio constitucional.

E tudo isso, sem que se explicite – ao menos, pelo prisma eleito na análise realizada – maior preocupação com a tutela da dignidade humana quando se afere que como demonstrado no capítulo que inaugura esse livro, pessoas foram transformadas em mercadorias e vidas têm sido pensadas como bens de consumo.

Em tal contexto, com a permissão formal do Direito ou à margem dele, caminhando por sobre os seus umbrais ou protegendo-se em algumas das muitas zonas marcadas pela mais absurda incerteza hermenêutica, o Mercado expandiu-se por sobre o universo da reprodução humana assistida, colonizando-o com suas práticas e seus discursos.

É difícil não perceber como a racionalidade econômica fundiu-se ao exercício da medicina, também nessa seara. Diagnósticos e terapias, fármacos, próteses, equipamentos e filhos são prescritos como bens de consumo[19], são ofertados como o são roupas e sapatos, telefones celulares e televisores ou, ainda, empréstimos bancários e viagens turísticas.

---

17. FROENER, Carla. *A reprodução humana assistida e a sociedade do espetáculo*: a fragmentação do direito frente à publicidade via internet de tratamento de fertilização. Dissertação, Mestrado em Direito e Sociedade do Unilasalle, Canoas, 2016.

18. BALLESTÉ, Isaac Ravetllat. El interés superior del niño: concepto y delimitación del término. *Educatio Siglo XXI*, v. 30, n. 2, p. 89-108, dez. 2012.

19. RAMÍREZ-GALVEZ, Martha. Corpos fragmentados e domesticados na reprodução humana assistida. *Cadernos Pagu*, v. 33, p. 83-115, jul./dez. 2009. p. 86.

3 • A COLONIZAÇÃO DA REPRODUÇÃO HUMANA ASSISTIDA PELO MERCADO | **19**

Tal qual a Dorothy no meio do tornado, e no mais das vezes sem percebê-lo, consumidores acabam sendo consumidos por mercadores de ilusões[20] e por promessas que costumam garantir, de forma sutil, é verdade, que a felicidade será experimentada na próxima compra, viagem e, por que não, na viabilização do projeto parental há algum tempo adiado em razão de um sem número de razões que não precisam ser aqui colacionadas.

No desvelar desse processo identifica-se, por exemplo, que a infertilidade, pensada entre 1960 e 1980 como uma patologia eminentemente social que poderia vir a ser tratada ou, em boa medida, amenizada, por meio da adoção de crianças órfãs ou separadas da autoridade parental por outro motivo qualquer, passou a ser difundida como problema de ordem pessoal e para o qual, obviamente, há soluções[21] que podem ser compradas, especialmente, por aqueles que possam pagar por elas ou estejam dispostos a financiar a materialização de sonhos que algumas vezes não são seus.

Comprova-o o fato de que apenas no ano de 2012, nos Estados Unidos, o setor movimentou algo em torno de 3,5 bilhões de dólares[22] ou, ainda, o fato de que no Brasil, em 2018, 395.182 oócitos foram produzidos em centros especializados. Dentre eles, 70.908 embriões foram transferidos e outros 80.767 descartados[23], sem que se saiba,

---

20. BAUMAN, Zygmunt. *Vida para consumo*: a transformação das pessoas em mercadoria. Rio de Janeiro: Zahar, 2008. p. 64-73.
21. DINIZ, Debora. O impacto das tecnologias conceptivas nas relações parentais. *Série Anis*, Brasília, v. 24, p. 01-05, abr. 2001. p. 01.
22. TIME. *How High-Tech Baby Making Fuels the Infertility Market Boom*. 2014. Disponível em: http://time.com/money/2955345/high-tech-baby-making-is-fueling-a-market-boom/#money/2955345/high-tech-baby-making-is-fueling-a-market-boom/. Acesso em: 10 fev. 2015. Vide, ainda, IKEMOTO, Lisa. *Reproductive tourism*: equality concerns in the global market for fertility services. In UC Davis Legal Studies Research Paper Serie, n. 189. 2009. Disponível em: http://ssrn.com/abstract=1462477. Acesso em: 20 fev. 2015. p. 288. Nos EUA, entre 2004 – ano em que os serviços de reprodução humana assistida passaram a ser monitorados no país – e 2013, houve um aumento de quase 45% do número de bebês nascidos por meio de técnicas de reprodução humana assistida. Só no ano de 2013, foram transferidos 73.571 embriões em um universo de 467 clínicas.
23. AGÊNCIA NACIONAL DE VIGILÂNCIA SANITÁRIA. *12º Relatório do Sistema Nacional de Produção de Embriões*. Brasília: Ministério da Saúde, 2019. p. 05. Os embriões transferidos são aqueles que foram transferidos ao útero da paciente, tanto a fresco como descongelados, através de procedimentos médicos apropriados. Os embriões que tiveram problemas em desenvolvimento, que foram classificados como inviáveis e que atenderam ao disposto na nova Resolução Conselho Federal de Medicina entram

entretanto, diante desse emaranhado de números, com exatidão, quantos bebês vieram ao mundo.

Nesse movimento, surgem conglomerados empresariais ofertando fertilidade e, obviamente, incomensurável felicidade. Ao aliarem técnicas médicas e conhecimento empresarial, como o que informa a atividade publicitária, seduzem e conquistam clientes e, consequentemente, acabam por ocupar as melhores posições no mercado[24] e as melhores cotações nas bolsas de valores. Um negócio que se expande através do globo, conectando profissionais e instituições médicas – médicos, clínicas e hospitais –, agenciadores e intermediários, bancos de genes, produtores de gametas e, até mesmo, mulheres literalmente dispostas a gestarem o sonho alheio, nem sempre, de forma gratuita.

Mais recentemente, grupos econômicos situados em países nos quais os custos da reprodução são menores, possuem maior oferta de gametas ou, ainda, regras mais permissivas acerca da *surrogacy* e do registro dos filhos nascidos na fusão das cores espalhadas sobre as paletas LGBTQI+, têm estimulado o que se convencionou denominar *turismo reprodutivo*. Alguns dos pacotes oferecidos incluem, aliás, além de todo o tratamento médico – raramente simples, na fenomenologia das relações sociais –, passagens áreas e hotéis de luxo situados nas cercanias de belíssimos centros de compras[25], prometendo, portanto, todo o necessário à experimentação de mais uma deliciosa experiência hedonista[26].

A reprodução humana, sob esse prisma, de fato, tornou-se um produto a ser consumido[27]. Dominada pela racionalidade econômi-

---

na contagem de embriões descartados. Embriões descartados a pedido dos pacientes também entram nessa contagem".

24. IKEMOTO, Lisa. *Reprodutive tourism*: equality concerns in the global market for fertility services. In UC Davis Legal Studies Research Paper Serie, n. 189. 2009. Disponível em: http://ssrn.com/abstract=1462477. Acesso em: 20 fev. 2015. p. 280-282.

25. IKEMOTO, Lisa. *Reprodutive tourism*: equality concerns in the global market for fertility services. In UC Davis Legal Studies Research Paper Serie, n. 189. 2009. Disponível em: http://ssrn.com/abstract=1462477. Acesso em: 20 fev. 2015. p. 291.

26. LIPOVETSKY, Gilles. *A sociedade da decepção*. Trad. Armando Braio Ara. Barueri: Manole, 2007.

27. BRAGA, Maria das Graças Reis; AMAZONAS, Maria Cristina Lopes de Almeida. Família: maternidade e procriação assistida. *Psicologia em Estudo*, Maringá, v. 10, n. 1, p. 11-18, jan./abr. 2005. p. 17.

3 • A COLONIZAÇÃO DA REPRODUÇÃO HUMANA ASSISTIDA PELO MERCADO

ca, atrai demandas cada vez menos espontâneas. Especialistas são, habitualmente, sugeridos por ginecologistas do setor privado[28]. Quem os procura submete-se, muitas vezes, a procedimentos de elevadíssimo custo econômico e iguais possibilidades de insucesso[29], não se olvidando quão comuns são os diagnósticos de "infertilidade sem causa aparente"[30].

Ao mesmo tempo, é possível identificar relatos mostrando que pesquisas médicas sobre as causas da infertilidade e (ou) da baixa fecundidade são pouco incentivadas, pois, consoante a lógica do Mercado, parece ser muito mais lucrativo investir em técnicas mais sofisticadas de reprodução assistida, mormente, quando se afere que a cura para a infertilidade, quando possível e recomendada, evidentemente, seria comercializada uma única vez, enquanto o apoio à reprodução pode *ter que ser* consumido diversas vezes, mesmo nos casos de êxito: sempre haverá a possibilidade de um novo projeto parental[31].

Ademais, existe uma infinidade de questões ético-jurídicas obnubiladas pelo processo de espetacularização da reprodução humana assistida. A captura dos óvulos pressupõe a estimulação hormonal por meio de medicamentos que podem disparar efeitos colaterais, com risco, em casos extremos, de morte da paciente[32]. A retirada dos gametas pode ser relacionada a quadros de infecção. O

---

28. CORREA, Marilena. LOYOLA, Maria Andréa. Novas tecnologias reprodutivas: novas estratégias de reprodução? *Physis: Revista Saúde Coletiva*, Rio de Janeiro, v. 09, n. 01, p. 209-234, 1999. p. 225.
29. RAMÍREZ-GALVEZ, Martha. Inscrito nos genes ou escrito nas estrelas? Adoção de crianças e o uso de reprodução humana assistida. *Revista de Antropologia*, São Paulo, v. 54, n. 1, p. 47-87, 2011. p. 67.
30. VIERA CHERRO, Mariana. Sujetos y cuerpos asistidos: un análisis de la reproducción asistida en el río de la plata. *Civitas*, Porto Alegre, v. 15, n. 2, p. 350-368, abr./jun. 2015. p. 356.
31. DINIZ, Debora. O impacto das tecnologias conceptivas nas relações parentais. *Série Anis*, Brasília, v. 24, p. 01-05, abr. 2001. p. 2. CARLOS, Paula Pinhal de; SCHIOCCHET, Taysa. Novas tecnologias reprodutivas e direito: mulheres brasileiras entre benefícios e vulnerabilidades. *Novos Estudos Jurídicos*, Itajaí, v. 11, p. 249-263, 2006. p. 250.
32. CORREA, Marilena. LOYOLA, Maria Andréa. Novas tecnologias reprodutivas: novas estratégias de reprodução? *Physis: Revista Saúde Coletiva*, Rio de Janeiro, v. 9, n. 1, p. 209-234, 1999. p. 217. Entre outras complicações atadas à hiperestimulação hormonal estão a "formação de cistos, hipertrofia ovariana, distensão hormonal, diarreia, vômitos, ascite, hidrotórax, desequilíbrio hidroeletrolítico, hemoconcentração, hipovolemia, oligúria e [o destacado] risco de morte".

22 · A REPRODUÇÃO HUMANA ASSISTIDA NA SOCIEDADE DE CONSUMO

monitoramento da implantação do embrião exige exames invasivos e desgastantes. São elevadas as taxas de insucesso, de casos de gravidez ectópica e de abortamento espontâneo[33]. A seu turno, casos de gestação múltipla também são deveras comuns, exponenciando os riscos à saúde[34] da gestante e dos nascituros.

Os bebês, muitas vezes, vêm ao mundo de forma bastante prematura e possuem duas vezes mais chances de possuírem má formação, graves problemas de saúde e baixo peso[35].

E há, ainda, pensando no *processo que envolve a produção do ser*, uma série de importantes questões relacionadas ao destino a ser dado aos embriões supranumerários, embriões que por exigência da técnica são *produzidos*, embora, nem sempre, implantados no útero materno ou daquela que se dispôs a gestá-lo com o escopo de realizar o sonho de outrem.

De hecho, la destrucción de embriones humanos es algo que ocurre todos los días, a través de técnicas de reproducción asistida. En muchos países está permitido [o al menos no está prohibido] el congelamiento de embriones sobrantes. Sin embargo, más de una cuarta parte de ellos no sobreviven al descongelamiento. Por otro lado, al transferirle a una mujer tres o más embriones

---

33. ANTEQUERA JURADO, Rosario et al. Principales trastornos psicológicos asociados a la infertilidad. *Papeles del Psicólogo*, Madrid, v. 29, n. 2, p. 167-175, 2008. p. 173. "*Los abortos espontáneos, suelen producirse en un 20%-25% de las parejas en reproducción asistida [...] cifra que se incrementa en edades superiores a los 35 años o cuando se han producido otros abortos previos*".

34. GAZETTE REVIEW. What Happened to "Octomon" Nadya Suleman? New Updates Available for 2016. 2015. Disponível em: http://gazettereview.com/2015/07/what-happened-to-octomom-nadya-suleman-new-updates-available/. Acesso em: 20 jan. 2016. O caso da norte-americana Nadya Suleman, a *octomãe*, é emblemático. Em 2009, ficou conhecida por dar à luz a oito bebês, simultaneamente, originários de fertilização *in vitro*. Nadya, à época desempregada, possuía outros seis filhos também concebidos por meio de técnicas de reprodução assistida, tendo iniciado seus tratamentos aos 21 anos. A *octomãe* tornou-se celebridade nos EUA, tendo participado de vários *reality shows*, até lançar a carreira de atriz de filmes adultos. O caso foi duramente criticado pela opinião pública norte-americana, principalmente, pela irresponsabilidade de Suleman, que acumulou dívidas milionárias pelos tratamentos e que aparentava não possuir condições financeiras e psicológicas para cuidar de extensa prole, bem como, em razão da conduta de seus médicos, pois, colocaram em risco a vida da gestante e de seus filhos. O profissional responsável pelos oito bebês teve a sua licença caçada pelos órgãos da classe médica da Califórnia. Ele teria implantado doze embriões, em uma situação em que o recomendável seria no máximo três.

35. SPAR, Debora; HARRINGTON, Anna M. Building a Better Baby Business. *Minnesota Journal of Law Science and Technology*, Minesotta, v. 10, n. 1, 41-49, 2009. p. 57-58.

3 • A COLONIZAÇÃO DA REPRODUÇÃO HUMANA ASSISTIDA PELO MERCADO

[previamente fecundados en el laboratorio] esperando que sólo uno de ellos se implante [algo completamente habitual en estas técnicas] también, se convive con la perdida de embriones[36].

De outra banda e como apontado outrora[37], os dados apresentados por veículos oficiais a partir de informações fornecidas pelas clínicas e centros de tratamento, ao menos no Brasil, geralmente, ressaltam as taxas de sucesso da fertilização, ignorando, entretanto, quantos, dentre os procedimentos realizados, resultaram em implantações bem-sucedidas ou, ainda, em *nascimentos com vida*[38].

E não se pode esquecer que os serviços na seara da reprodução humana assistida – ao menos em regra – possuem altíssimos custos financeiros[39], um elemento que, quando não o inviabilize, sem dúvida alguma dificultará, enormemente, a realização medicamente assistida do projeto parental sonhado por aqueles que pertencem às classes economicamente menos favorecidas pela *Fortuna*.

Aos excluídos restará, então, a possibilidade, talvez, de trocarem seus gametas pelo tratamento medicamente assistido[40] ou, quiçá, de

---

36. RIVERA LÓPEZ, Eduardo. *Problemas de vida o muerte*: diez ensayos de bioética. Madrid: Marcial Pons, 2011. p. 33.
37. AGÊNCIA NACIONAL DE VIGILÂNCIA SANITÁRIA. *12° Relatório do Sistema Nacional de Produção de Embriões*. Brasília: Ministério da Saúde, 2019.
38. AMERICAN SOCIETY FOR REPRODUCTIVE MEDICINE. *Assisted reproductive technology*. 2015. Disponível em: https://www.asrm.org/uploadedFiles/ASRM_Content/Resources/Patient_Resources/Fact_Sheets_and_Info_Booklets/ART.pdf. Acesso em: 08 ago. 2016. p. 09. Dados dos EUA informam que enquanto as "taxas de sucesso de fertilização" costumam ser entre 65 a 75%, de acordo com as condições pessoais do paciente (idade e saúde), a taxa de nascimento de bebês com vida por implantação embrionária foi de 37,5% nos EUA em 2013. Isto significa que apenas 37,5% dos embriões implantados resultaram em nascimento com vida.
39. EL PAÍS. *O custo de ser mãe aos 40 faz prosperar uma bilionária indústria de reprodução assistida*. 2020. Disponível em https://brasil.elpais.com/brasil/2019/07/19/actualidad/1563549009_803035.html. Acesso em: 08 jan. 2020. "O fenômeno da fertilidade é global: em 2023 o mercado alcançará 27,5 bilhões de euros no mundo, com taxas de crescimento anual de 9%, segundo estimativas do Allied Market. Um em cada seis casais tem problemas de fertilidade em algum momento de sua vida reprodutiva, de acordo com a Sociedade Médica de Fertilidade Europeia. As famílias estão sendo construídas mais tarde, o que, em muitos casos, obriga as pessoas a desembolsarem quantias significativas para conceber, isto porque os sistemas de saúde pública não cobrem a maioria dos tratamentos. A necessidade gerou um negócio cujo rastro os fundos de investimento farejaram".
40. RAMÍREZ-GALVEZ, Martha. Inscrito nos genes ou escrito nas estrelas? Adoção de crianças e o uso de reprodução humana assistida. *Revista de Antropologia*, São Paulo, v. 54, n. 1, p. 47-87, 2011. p. 67.

gestarem as filhas e filhos alheios, fatos que reafirmam que corpos e seres humanos têm sido tratados como *comodities* pelo Capital[41].

É preciso registrar que a saúde física e mental das pessoas levadas pelo "carrossel de emoções"[42] que gira nos palcos da reprodução humana assistida – em especial, daqueles seres que apenas experimentam angústia e frustração ao vivenciarem infrutíferas tentativas de fertilização – muitas vezes, é posta em xeque[43].

Pesquisas relatam casos marcados pela dificuldade de assumir a própria história, na medida em que os motivos que levam à tentativa de reprodução *na forma* assistida revelam-se, por vezes, entremeio a processos deveras dolorosos: não é apenas o vazio produzido pela ausência de filhos que conduz alguém a recorrer ao auxílio médico, mas lacunas marcadas por perdas ao longo da vida como abortos, a morte de outro filho ou mesmo a ilusão depositada na reconstrução de uma relação conjugal carcomida pelo tempo[44].

---

41. MONZÓN, José María. ¿Úteros para alquilar o la violación tecnológica de la mujer? *Revista Eletrônica Direito e Sociedade*, Canoas, v. 07, n. 01, p. 219-234, abr. 2019. p. 230-231. "*La comodificación del cuerpo humano supone que cada parte del ser humano tiene un valor, en este caso, el útero, más si es de alguien que ya ha sido madre y puede usar del mismo y colocarlo a disposición de terceros*".

42. ANTEQUERA JURADO, Rosario et al. Principales trastornos psicológicos asociados a la infertilidad. *Papeles del Psicólogo*, Madrid, v. 29, n. 2, p. 167-175, 2008. p. 168. Como aponta a pesquisa "*cada inicio de tratamiento representa un comienzo y cada fracaso, un final. Así, a la ilusión, la esperanza o el optimismo que presentan las parejas cuando inician los tratamientos, se sucede la preocupación, la obsesión y casi la hipocondría mientras esperan los resultados del tratamiento y la desilusión, la tristeza y la frustración cuando el tratamiento no ha tenido éxito. Esta alternancia de emociones se repite con cada ciclo de tratamiento, y genera un desgaste emocional y un sufrimiento peculiar e idiosincrático de las parejas con problemas de infertilidad*".

43. LINDNER, Sheila Rubia; COELHO, Elza Berger Salema; BÜCHELE, Fátima. O discurso e a prática de médicos sobre direitos reprodutivos. *Saúde & Transformação Social*, Florianópolis, v. 4, n. 3, p. 98-106, 2013. p. 102-103. Estudos realizados com pacientes que buscam tratamentos para a reprodução demonstram que tais experiências elevam o nível de estresse e os abalam emocionalmente. A maioria dos participantes de entrevistas e de grupos de apoio fala deste período com grande mal-estar. Lindner, Coelho e Büchele, em pesquisa empírica realizada com nove médicos da rede pública, constataram que nas unidades básicas de saúde a situação de abalo emocional dos pacientes que enfrentam a infertilidade é ainda mais acentuada. Não são oferecidos acompanhamento psicológico e grupos de apoio ou, quando há, o serviço é extremamente precário. As informações são apenas aquelas dadas na consulta médica.

44. LINS, Patrícia Gomes Accioly; PATTI, Elci Antonia de Macedo Ribeiro; PERON, Antonio Cézar; BARBIERI, Valéria. O sentido da maternidade e da infertilidade: um discurso singular. *Estudos de Psicologia*, Campinas, v. 31, n. 3, p. 387-392, jul.- set. 2014. p. 390.

3 • A COLONIZAÇÃO DA REPRODUÇÃO HUMANA ASSISTIDA PELO MERCADO

Enfim, há de salientar-se, ainda nessa seara, que os níveis de "frustração e tensão" flutuarão ao sabor de aspectos afetos (a) ao gênero, (b) à maior ou menor idade dos que buscam intervenção médica, (c) à existência (ou não) de outros filhos, (d) ao tipo de infertilidade, (e) ao tempo necessário ao diagnóstico e tratamento, bem como, a (f) abortos sucessivos, como se infere a partir da passagem adiante bricolada.

> Existen numerosas variables personales y médicas que inciden en el impacto y las consecuencias de la infertilidad [...]. Destacan en este sentido, las variables sociodemográficas, que determinan la existencia de notables diferencias en función de: (a) El género: las mujeres encuentran mayores dificultades para aceptar y acomodarse a la idea de que una pareja sin hijos constituye una familia y presentan más ideas obsesivas sobre la gestación y la concepción de un hijo, con una mayor prevalencia de sintomatología ansiosa y depresiva. (b) La edad. En el ámbito de la reproducción asistida el tiempo o, mejor dicho, su transcurso, se convierte en un potente estresor: las parejas son conscientes de que conforme se incrementa la edad, la fertilidad biológica disminuye y, por consiguiente, el devenir del tiempo y la mayor edad incrementa sus niveles de estrés (especialmente de la mujer) [...] (c) La presencia de otros hijos se convierte en un amortiguador de las reacciones emocionales consecuentes al diagnóstico de infertilidad. Esto no significa que las parejas con hijos con dificultades para conseguir una nueva gestación, no experimenten también reacciones negativas, con mayor intensidad si alguno de ellos no es el padre o la madre biológica.
>
> Otro grupo de factores que inciden en el impacto de la infertilidad, están constituidos por las características y la naturaleza de la enfermedad y del proceso de tratamiento. El tipo de infertilidad modula el impacto emocional que experimentan las parejas en el momento del diagnóstico, con notables diferencias en función del género: [...]
>
> El tiempo que la pareja lleva implicada en el proceso de diagnóstico y tratamiento se relaciona con los niveles de frustración y tensión [...] Lógicamente cuanto mayor es el tiempo que ha transcurrido desde el diagnóstico, más probable es que la pareja haya comenzado o experimentado ya la aplicación de varios ciclos de tratamientos, cada uno de los cuales representa un nuevo estresor, en que la pareja vivencia la esperanza de conseguir su deseo y las emociones negativas por no lograrlo. En función de ello, van modificando sus expectativas y sus recursos de afrontamiento.
>
> Por último, y entre las variables que convierten a las parejas infértiles en un grupo heterogéneo, destacamos a las poliabortadoras (aquellas que experimentan dos o más abortos repetidos) que constituyen una población con características propias y diferenciales[45].

---

45. ANTEQUERA JURADO, Rosario et al. Principales trastornos psicológicos asociados a la infertilidad. *Papeles del Psicólogo*, Madrid, v. 29, n. 2, p. 167-175, 2008. p. 168-169.

4
A REGULAÇÃO JURÍDICA DA REPRODUÇÃO HUMANA ASSISTIDA NO BRASIL: UM MOSAICO EM MOVIMENTO

O Direito, enquanto fenômeno social, é pensado ao longo deste trabalho como um instrumento com aptidão para reduzir a complexidade que informa as mais diversas passagens da vida humana, um mecanismo que se bem operado, poderá auxiliar a mitigar a probabilidade de conflitos e (ou) o surgimento de danos futuros[1]. Curiosamente, ao mesmo tempo, ele é violência e opressão, achatando liberdades que poderiam, na ausência de muitos dos seus comandos normativos, virem a ser experimentadas de forma indelevelmente positiva.

Ambas as faces do Direito saltam aos olhos nos parágrafos adiante alinhavados.

Antecipe-se, antes de quaisquer outras considerações, que as tentativas de regulação das práticas recortadas como lastro fenomênico estruturante das reflexões construídas ao largo desta investigação científica podem ser identificadas em algum ponto do referido paradoxo. Durante a pesquisa identificou-se serem diversos os esboços de projetos de lei cuja estrutura inegavelmente analógica chama a atenção em espaços decorados com uma série de elementos gestados na *revolução high tech*, uma das características mais salientes da Contemporaneidade.

Inúmeros são os projetos de lei, embora todos eles carreguem em seu DNA (a) o fetiche legalista legado ao presente pelo positivismo

---

1. SCHWARTZ, Germano. A fase pré-autopoética do sistema luhmanniano. In ROCHA, Leonel Severo; SCHWARTZ, Germano; CLAM, Jean. *Introdução à teoria do sistema autopoiético do direito*. Porto Alegre: LAEL, 2005. p. 77.

28 A REPRODUÇÃO HUMANA ASSISTIDA NA SOCIEDADE DE CONSUMO

jurídico normativista[2] – ranço, infelizmente, ainda hoje impregnado ao senso comum teórico – ao mesmo tempo em que parecem não notar (b) o movimento aleatório de mutação social que não pode ser domesticado por meio da edição de "leis nascidas velhas"[3]. Textos que, na eventualidade de virem a ser aprovados, serão incapazes de dar conta de boa parte dos problemas que pululam da fenomenologia das relações sociais para assolar o mundo contemporâneo e promoverão manifestos retrocessos até que venham a ser reconhecidos como uma afronta à Constituição brasileira.

O Direito, como é possível intuir, não pode seguir sendo pensado como um repositório normativo passível de dominação e controle por pessoas que creem ser bibliotecários aptos a transitar, sem que se percam, pelos infinitos hexágonos que unidos uns aos outros dá vida à mítica Babel de Borges[4].

É preciso explicitar que o Direito que impregna os muitos parágrafos desta obra foi pinçado em placas espalhadas por vastos campos hermenêuticos. Neles, os princípios jurídicos devem ser levados a sério e, ante a sua inegável força normativa, hão de ganhar densidade quando transformados, por meio da força argumentativa, em regras de conduta, portanto, em padrões de comportamento avaliáveis e exigíveis em concreto.

A incerteza que pulula dos parágrafos anteriores ajuda a explicar o título que inaugura esta parte da obra e o intuito de desnudar, sem nenhuma timidez, a existência de uma conjuntura normativa bastante fragmentária no que toca à reprodução humana assistida no Brasil. Um cenário regulatório tão recente quanto incipiente e que, como antecipado, busca esconder boa parte da incerteza que o colore, mesmo quando vê tribunais prenhes de demandas que buscam decidir a quem deverá ser imputada a maternidade do ser que acaba de nascer[5] e de histórias – muitas delas marcadas por dor

---

2. STRECK, Lenio. *Dicionário de hermenêutica*. São Paulo: Casa do Direito, 2017.
3. ROCHA, Leonel Severo. *Epistemologia jurídica e democracia*. 2ª ed. São Leopoldo: Unisinos, 2003. p. 197.
4. BORGES, Jorge Luis. *Ficciones*. [s.c.]: Biblioteca el mundo, 2001. p. 59-64.
5. Uma das primeiras lides sobre reprodução humana assistida levada a um tribunal foi o caso do "Bebê M", de 1988, julgado pela Suprema Corte de New Jersey, nos Estados Unidos. Em 1985, o casal William e Elizabeth Stern buscou a contratação de uma gestante por substituição, devido à impossibilidade de gravidez da esposa, que

4 • A REGULAÇÃO JURÍDICA DA REPRODUÇÃO HUMANA ASSISTIDA NO BRASIL

e angústia – narrando que crianças são tratadas como apátridas nos países dos seus pais[6].

Antecipe-se que, no Brasil, não há lei específica a tratar do tema de maneira exclusiva, tampouco, minimamente detalhada[7]. Até o momento, todas tentativas de edição de uma lei versando sobre a reprodução humana assistida foram infrutíferas. O lacunoso contexto não impede pinçar, aqui e ali, dispositivos legais

---

enfrentava um grave problema de saúde. Por intermédio de um centro de tratamento para infertilidade, foi escolhida Mary Beth Whitehead, mulher casada e mãe de dois filhos. Na ocasião, Mary Beth firmou contrato com o casal, comprometendo-se a gestar o bebê concebido por meio de inseminação artificial com o esperma de William e abdicar de seus direitos maternos para que Elizabeth pudesse adotá-lo. Para isso, receberia o valor de 10.000 dólares. Para a empresa intermediadora foram pagos 7.500 dólares. Após o nascimento do bebê, denominado Melissa, Mary Beth pediu para passar uma semana com a criança, porém se recusou a devolvê-la após decorrido o período. Frente ao impasse, os Sterns ingressaram com pedido de guarda provisória na justiça estadual de New Jersey, conseguindo reaver Melissa. A Corte entendeu como válido o contrato e determinou o fim dos direitos maternos de Mary Beth. Em grau de recurso para a Suprema Corte de New Jersey, Mary Beth solicitou o direito à guarda enquanto mãe biológica. No mérito, a Corte entendeu que o contrato era inválido, em analogia à legislação de New Jersey que proibia expressamente o pagamento de valores aos pais biológicos em situações de adoção e tratar de direitos indisponíveis. Os direitos de maternidade só extinguiriam após o abandono intencional e não por via contratual. Neste contexto, estabeleceu ser proibida a prática da maternidade por substituição no Estado de New Jersey, constituindo-se precedente para os casos futuros. Tal precedente mantém-se até hoje, de modo que a gestação por substituição continua proibida no Estado. A Suprema Corte norte-americana nunca se pronunciou sobre casos de reprodução humana assistida, de forma que não há um precedente nacional sobre a matéria, delegando-se às legislações e precedentes estaduais. SUPREME COURT OF NEW JERSEY. *In Re Baby M*. Disponível em: http://biotech.law.lsu.edu/cases/cloning/baby_m.htm. Acesso em: 07 jul. 2015. RECHT, Steven M. "M" is for the money: Baby M and the surrogate motherhood controversy. *The American University Law Review*, Washington, D. C., v. 37, p. 1.103-1.050, 1988.

6. Casos ocorridos em tribunais franceses têm sido emblemáticos, principalmente pela proibição da maternidade por substituição na legislação nacional. Em 2011, em caráter jurisdicional, a *Cour de Cassation* francesa negou o registro de nacionalidade de dois bebês nascidos nos EUA por meio de gestação por substituição, serviço contratado por um casal homoafetivo francês. Em 2015, a Corte francesa aceitou o pedido de registro de dois casais que conceberam os seus filhos na Rússia, mudando a orientação até então existente. Apesar de hoje ser permitido o reconhecimento de nacionalidade destas crianças nascidas no exterior, a gestação por substituição continua proibida na França. VICE NEWS. *France to legally reconize surrogate children as french citizens*. 2015. Disponível em: https://news.vice.com/article/france-to-legally-recognize-surrogate-children-as-french-citizens. Acesso em: 16 ago. 2016.

7. CATALAN, Marcos; SILVA, Giana de Marco Vianna da. Registro de biparentalidade homoafetiva: um estudo de caso. *Revista Síntese Direito de Família*, n. 92, p. 09-23, out./nov. 2015. p. 14.

esparsos que façam referências, diretas ou reflexas, a essa matéria. É possível afirmar, ainda, que boa parte dos problemas existentes tem como encontrar respostas na principiologia que informa o direito privado pátrio, aliás, sem dúvida alguma, é possível construir belas soluções quando se tem em mente a antecipada normatividade que pulsa de princípios como os da liberdade, da igualdade, da solidariedade – em sua *vertente familiar* – e, ainda, do interesse superior da criança.

De qualquer modo, ao revolver a poeira assentada sobre a história recente de nosso país, é possível identificar que o primeiro projeto sobre o assunto foi proposto em 1993[8], fato ocorrido quase uma década depois de ecoarem os primeiros relatos de êxito no campo da reprodução humana assistida na América do Sul. Desde então, observou-se a gênese de uma miríade de projetos de lei, todos eles deixados às moscas[9].

Até o momento, a iniciativa de maior sucesso parece ter sido o projeto de lei do Senado n. 90, de 1999, de autoria do ex-Senador Lúcio Alcântara, ali aprovado e à espera de votação na Câmara dos Deputados donde recebeu o n. 1184 de 2003[10].

A inércia indelevelmente impregnada à atividade legislativa, inação que, astuciosamente, sabota conquistas históricas[11] e induz o retrocesso, pode ser atribuída – em boa medida – à influência que segmentos religiosos de orientação cristã, especialmente evangélica, têm sobre o Congresso Nacional e, mais recentemente, também sobre

---

8. Trata-se do PL n. 3.638/1993.

9. PL n. 2.855/97, PL n. 4.664/2001, PL n. 4.665/2001, PL n. 6296/2002, PL n. 120/2003, PL n. 4.880/2005, PL n. 5.624/2005, PL n. 3.067/2008, PL n. 7.701/2010; PL n. 3.977/2010, PL n. 4.892/2012; PL n. 115/2015.

10. Na Câmara recebeu o n. 1.184/2003 e a ele foram apensadas as outras propostas podendo ser listados as seguintes: PL 120/2003, PL 4686/2004, PL 2855/1997, PL 4665/2001, PL 1135/2003, PL 2061/2003, PL 4889/2005, PL 4664/2001, PL 6296/2002, PL 5624/2005, PL 3067/2008, PL 7701/2010, PL 3977/2012, PL 4892/2012, PL 115/2015, PL 7591/2017 e PL 9403/2017. Observe-se que se quando a Câmara dos Deputados decidir pela aprovação ou pela rejeição do citado projeto também decidirá o futuro dos demais. Curiosamente, no longínquo 2005, o relatório emitido no âmbito da referida Comissão indicou a constitucionalidade do PL n. 1.184/2003.

11. GRAZIUSO, Bruna Kern. *Úteros e fronteiras*: gestação de substituição no Brasil e nos Estados Unidos. Florianópolis: Tirant lo blanch, 2018.

4 • A REGULAÇÃO JURÍDICA DA REPRODUÇÃO HUMANA ASSISTIDA NO BRASIL 31

o Executivo Federal: a reprodução humana assistida é um tema que parece ameaçar os seus dogmas, a sua doutrina[12].

Tudo isso ocorre mesmo quando a Constituição Federal não só garante o direito ao planejamento familiar, como impõe ao Estado brasileiro o dever de fornecer os recursos técnicos e científicos necessários à experimentação concreta da liberdade em sua dimensão reprodutiva. Em verdade, ainda que o referido dispositivo legal mencione ser esse um direito do casal[13], obviamente, deve ser interpretado como fonte de direitos subjetivos e (ou) formativos a serem gozados por todo aquele que se proponha a vivenciar o projeto parental.

A seu turno, a expressa vedação contida na Constituição acerca da comercialização de órgãos, tecidos e substâncias humanas[14] e as ramificações daí derivadas na legislação infraconstitucional[15] ratificam a proibição da venda de gametas ao mesmo tempo em que ensejam fervoroso debate acerca da licitude da cessão onerosa do útero[16].

Evidentemente, os referidos dispositivos legais e mesmo os princípios que os fundam e moldam tampouco oferecem respostas para muitos dos dramas vividos clandestina e cotidianamente em espaços situados para além dos umbrais do Direito.

A propósito do assunto e pensando nos riscos que pululam em cenários cada vez mais globais, não se pode ignorar que

---

12. CARLOS, Paula Pinhal de; SCHIOCCHET, Taysa. Novas tecnologias reprodutivas e direito: mulheres brasileiras entre benefícios e vulnerabilidades. *Novos Estudos Jurídicos*, Itajaí, v. 11, p. 249-263, 2006. p. 257.
13. Art. 226 [...] § 7º da Constituição Federal: "Fundado nos princípios da dignidade humana e da paternidade responsável, o planejamento familiar é livre decisão do casal, competindo ao Estado propiciar recursos educacionais e científicos para o exercício desse direito, vedada qualquer forma coercitiva por parte de instituições oficiais ou privadas".
14. Art. 199. "A assistência à saúde é livre à iniciativa privada. [...] § 4º A lei disporá sobre as condições e os requisitos que facilitem a remoção de órgãos, tecidos e substâncias humanas para fins de transplante, pesquisa e tratamento, bem como a coleta, processamento e transfusão de sangue e seus derivados, sendo vedado todo tipo de comercialização".
15. Vide artigos 14 a 17 da Lei n. 9.434/97 que "dispõe sobre a remoção de órgãos, tecidos e partes do corpo humano para fins de transplante e tratamento [...]".
16. FREIRE DE SÁ, Maria de Fátima; RETTORE, Anna Cristina de Carvalho. A gestação de substituição vista como um contrato em prol da garantia de segurança jurídica aos participantes e à criança a nascer. In TEIXEIRA, Ana Carolina Brochado; RODRIGUES, Renata de Lima (Coord.). *Contratos, famílias e sucessões*: diálogos interdisciplinares. Indaiatuba: Foco, 2020.

existem clínicas de intermediação do processo comercial em território brasileiro que buscam doadoras temporárias de útero em países de legislação permissiva, oferecendo planos para a fertilização e parto na Ucrânia, Rússia e Estados Unidos, retornando o casal, após o parto, com a criança para o Brasil, realizando, assim, uma gestação transnacional ou transfronteiriça. Essas manobras para contornar a regulamentação brasileira ocorrem sem grandes impasses, mesmo sendo pagas [o que é proibido no Brasil] e por mulheres sem vínculo de parentesco com o casal [o que só é permitido excepcionalmente em nosso país][17].

Algumas das preocupações no referido contexto decorrem:

(a) da possibilidade de conflito positivo antevisto na sobreposição da resposta trazida pelo artigo 7º da LINDB que dispõe incumbir à lei do país em que se encontra domiciliada a pessoa eleger as soluções que versem "sobre o começo e o fim da personalidade, o nome, a capacidade e os direitos de família" e eventual alternativa normativa antecipada pelo direito alienígena que atribua primazia ao *mater semper certa est*, imponha a supremacia da paternidade ou da maternidade genética em detrimento da intencional e (ou) afetiva,

(b) dos conflitos que pulsam, potencialmente, no acoplamento dos artigos 9º e 17 da mesma lei, o primeiro, ditando que a qualificação e cumprimento das obrigações serão orientados pela "lei do país em que se constituírem" e o segundo que "as leis [...] bem como quaisquer declarações de vontade, não terão eficácia no Brasil, quando ofenderem a soberania nacional, a ordem pública e os bons costumes", regras, portanto, cuja leitura poderá privar de efeitos um sem número de contratos que, tendo por objeto direitos da personalidade, estão situados sobre os umbrais da licitude e, eventualmente, para muito além deles em nosso país.

***

---

17. GRAZIUSO, Bruna Kern. *Úteros e fronteiras*: gestação de substituição no Brasil e nos Estados Unidos. Florianópolis: Tirant lo blanch, 2018. p. 23-24.

4 • A REGULAÇÃO JURÍDICA DA REPRODUÇÃO HUMANA ASSISTIDA NO BRASIL   33

Na esfera infraconstitucional e na tentativa de dar maior densidade aos direitos sexuais e reprodutivos previstos na Carta Magna, a Lei Federal n. 9.263 busca regrar importantes aspectos afetos ao Planejamento Familiar no Brasil. Tendo sido elaborada em 1996, ela busca melhor detalhar algumas das possibilidades contidas na Constituição, fato corroborado pela percepção de que o planejamento familiar engloba "a limitação e o aumento da prole pela mulher, pelo homem ou pelo casal" e de que "o planejamento familiar orienta-se por ações preventivas e educativas e pela garantia de acesso igualitário a informações, meios, métodos e técnicas disponíveis para a regulação da fecundidade"[18].

O Código Civil vigente no Brasil, de forma igualmente tímida, também regra o tema.

O seu artigo 1597 – mesmo ante toda a crítica que a ele pode ser dirigida – poderá ser útil para propiciar a tutela da situação jurídica de casais heterossexuais que se socorreram da reprodução humana assistida e utilizaram gametas produzidos noutro(s)

---

18. Vale a pena transitar pelos cinco artigos iniciais da Lei n. 9.263/1996.

   Art. 1º O planejamento familiar é direito de todo cidadão, observado o disposto nesta Lei.

   Art. 2º Para fins desta Lei, entende-se planejamento familiar como o conjunto de ações de regulação da fecundidade que garanta direitos iguais de constituição, limitação ou aumento da prole pela mulher, pelo homem ou pelo casal.

   Parágrafo único – É proibida a utilização das ações a que se refere o caput para qualquer tipo de controle demográfico.

   Art. 3º O planejamento familiar é parte integrante do conjunto de ações de atenção à mulher, ao homem ou ao casal, dentro de uma visão de atendimento global e integral à saúde.

   Parágrafo único – As instâncias gestoras do Sistema Único de Saúde, em todos os seus níveis, na prestação das ações previstas no caput, obrigam-se a garantir, em toda a sua rede de serviços, no que respeita a atenção à mulher, ao homem ou ao casal, programa de atenção integral à saúde, em todos os seus ciclos vitais, que inclua, como atividades básicas, entre outras: I – a assistência à concepção e contracepção; II – o atendimento pré-natal; III – a assistência ao parto, ao puerpério e ao neonato [...].

   Art. 4º O planejamento familiar orienta-se por ações preventivas e educativas e pela garantia de acesso igualitário a informações, meios, métodos e técnicas disponíveis para a regulação da fecundidade.

   Parágrafo único – O Sistema Único de Saúde promoverá o treinamento de recursos humanos, com ênfase na capacitação do pessoal técnico, visando a promoção de ações de atendimento à saúde reprodutiva.

   Art. 5º – É dever do Estado, através do Sistema Único de Saúde, em associação, no que couber, às instâncias componentes do sistema educacional, promover condições e recursos informativos, educacionais, técnicos e científicos que assegurem o livre exercício do planejamento familiar.

corpo(s)[19], inovação digna de nota, embora, reste apequenada diante da miríade de possibilidades colhidas nos entrechoques da ciência médica com a disrupção tecnológica e, ainda, das questões aí gestadas com múltiplas configurações familiares nem sempre mapeáveis, com clareza, na complexa geografia sobre a qual se espraia a sociedade brasileira.

Do artigo 1.593, também da codificação civil, pulsa, normativamente, a possibilidade de que laços parentais sejam estabelecidos no interior de molduras que não involucram a consanguinidade e (ou) práticas sociais heterossexuais e, desse modo, é possível encontrar ali a regra que autoriza o registro de filiação mesmo face à manifesta ausência de laços genéticos ou biológicos entre os titulares do projeto parental e a prole intencional[20].

Tais ideias, aliás, integram o texto da última Resolução editada no âmbito do Conselho Federal de Medicina na tentativa de dar conta das práticas que aqui se busca teorizar. Algumas delas também foram emolduradas pelo Conselho Nacional de Justiça de modo a auxiliar – mesmo diante das pesadas críticas acerca da sua constitucionalidade formal – a superar alguns dos principais entraves criados pelo Leviatã em matéria registral.

De alguma forma, quando o olhar atravessa essas lentes, se percebe, também, o papel secundário que o *direito legislado* parece estar desempenhando nos cenários da reprodução humana assistida – e não apenas aqui – em nosso país.

O Provimento n. 52/2016 do Conselho Nacional de Justiça buscou facilitar o registro dos filhos havidos nos cenários da reprodução humana assistida. Pouco tempo mais tarde ele foi alterado por provimento do mesmo CNJ – catalogado sob o n. 63/2017 – que impôs ao Registro Civil o dever de registrar nascimentos e emitir as

---

19. Art. 1.597 do Código Civil: "Presumem-se concebidos na constância do casamento os filhos: [...]; III – havidos por fecundação artificial homóloga, mesmo que falecido o marido; IV – havidos, a qualquer tempo, quando se tratar de embriões excedentários, decorrentes de concepção artificial homóloga; V – havidos por inseminação artificial heteróloga, desde que tenha prévia autorização do marido".

20. CATALAN, Marcos; SILVA, Giana de Marco Vianna da. Registro de biparentalidade homoafetiva: um estudo de caso. *Revista Síntese Direito de Família*, n. 92, p. 09-23, out./nov. 2015.

4 • A REGULAÇÃO JURÍDICA DA REPRODUÇÃO HUMANA ASSISTIDA NO BRASIL

certidões dos nascidos nos palcos da reprodução assistida, independentemente de autorização judicial.

O Provimento n. 63/2017, nos termos de seu artigo 8º, dispõe que "o oficial de registro civil não poderá exigir a identificação do doador de material genético como condição para a lavratura do registro de nascimento de criança gerada mediante técnica de reprodução assistida", regra que reforça a aparente opção do Direito brasileiro pelo anonimato na hipótese.

E determina, também, que nas hipóteses de uniões homoafetivas, a certidão deverá ser adequada para que constem os nomes dos ascendentes da pessoa que está sendo civilmente registrada sem que exista qualquer distinção sobre a ligação paterna ou materna, o que, aliás, não é algo novo no Direito brasileiro.

Dispõe, ainda, sobre os documentos considerados necessários ao registro civil e dentre os quais se destacam a "declaração, com firma reconhecida, do diretor técnico da clínica, centro ou serviço de reprodução humana" indicando que "a criança foi gerada por reprodução assistida heteróloga" e informando, ademais, "o nome dos beneficiários", expressão que, certamente, que não é a mais feliz dentre aquelas que podem ser colhidas no vernáculo.

Além disso, no caso da gestação por substituição, dispõe o referido Provimento que do registro não constará o nome da *gestatrix* – que se encontra grafado na declaração de nascido vivo –, bem como que o conhecimento da ascendência biológica não importará o reconhecimento de vínculo de filiação entre aquele ou aquela que forneceu os gametas e o ser gerado pelas técnicas de reprodução assistida e, muito menos, quaisquer consequências jurídicas atadas à parentalidade[21].

***

---

21. Toda a Seção III é dedicada à reprodução assistida.

Art. 16. O assento de nascimento de filho havido por técnicas de reprodução assistida será inscrito no Livro A, independentemente de prévia autorização judicial e observada a legislação em vigor no que for pertinente, mediante o comparecimento de ambos os pais, munidos de documentação exigida por este provimento. § 1º Se os pais forem casados ou conviverem em união estável, poderá somente um deles comparecer ao ato de registro, desde que apresente a documentação referida no art. 17, III, deste provimento. § 2º No caso de filhos de casais homoafetivos, o assento de nascimento deverá ser adequado para que constem os nomes dos ascendentes, sem referência a distinção quanto à ascendência paterna ou materna.

36 A REPRODUÇÃO HUMANA ASSISTIDA NA SOCIEDADE DE CONSUMO

Há, ainda, outras regras sobre o tema que merecem ser conhecidas e analisadas.

Em 2005 foi editada a Lei de Biossegurança – Lei Federal n. 11.105/2005 – visando a regular, entre outras pautas, a produção, pesquisa, uso, destinação e armazenamento de células-tronco embrionárias no Brasil e, apesar de a referida lei ter como foco as referidas células, o Decreto n. 5.591/2005, ao regulamentá-la, acabou por atribuir ao Ministério da Saúde o dever de criar e manter um cadastro atualizado dos embriões humanos obtidos nos contextos da fertilização *in vitro* quando não devidamente implantados.

Ainda em 2005, o funcionamento dos bancos de células e tecidos germinativos e as clínicas de reprodução humana assistida foram formalmente regulados e a sua atividade passou a ser fiscalizada[22].

Em 2008, foi criado o Sistema Nacional de Produção de Embriões, um banco de dados eletrônico alimentado com dados que devem ser fornecidos pelas clínicas de reprodução humana assistida acerca do número de células, tecidos germinativos e embriões produzidos[23]. Por meio dele se pretende monitorar as informações sobre o material genético armazenado, estabelecer indicativos de qualidade das célu-

---

Art. 17. Será indispensável, para fins de registro e de emissão da certidão de nascimento, a apresentação dos seguintes documentos: [...] § 1º Na hipótese de gestação por substituição, não constará do registro o nome da parturiente, informado na declaração de nascido vivo, devendo ser apresentado termo de compromisso firmado pela doadora temporária do útero, esclarecendo a questão da filiação. § 2º Nas hipóteses de reprodução assistida *post mortem*, além dos documentos elencados nos incisos do *caput* deste artigo, conforme o caso, deverá ser apresentado termo de autorização prévia específica do falecido ou falecida para uso do material biológico preservado, lavrado por instrumento público ou particular com firma reconhecida. § 3º O conhecimento da ascendência biológica não importará no reconhecimento do vínculo de parentesco e dos respectivos efeitos jurídicos entre o doador ou a doadora e o filho gerado por meio da reprodução assistida.

Art. 18. Será vedada aos oficiais registradores a recusa ao registro de nascimento e à emissão da respectiva certidão de filhos havidos por técnica de reprodução assistida, nos termos deste provimento. § 1º A recusa prevista no caput deverá ser comunicada ao juiz competente nos termos da legislação local, para as providências disciplinares cabíveis. § 2º Todos os documentos referidos no art. 17 deste provimento deverão permanecer arquivados no ofício em que foi lavrado o registro civil.

Art. 19. Os registradores, para os fins do presente provimento, deverão observar as normas legais referentes à gratuidade de atos.

22. Portaria n. 2.526/2005 do Ministério da Saúde; resolução da Diretoria Colegiada da ANVISA n. 33/2006.

23. RDC n. 29/2008, atualizado pela RDC n. 23/2011 e RDC n. 72/2016, todas da ANVISA.

4 • A REGULAÇÃO JURÍDICA DA REPRODUÇÃO HUMANA ASSISTIDA NO BRASIL | 37

las e material germinativo e, ainda, informar a população; merecendo destaque a obrigatoriedade do envio das referidas informações[24], a sua atualização e divulgação em periodicidade anual[25].

Como antecipado, órgão regulador de grande importância no tratamento da reprodução assistida no Brasil é o Conselho Federal de Medicina. Desde a década de 90 do último século ele tem tratado o tema de maneira pioneira. A primeira Resolução a ser editada foi a de n. 1.358 de 1992. Seu aspecto mais saliente parece ser a exigência de contraindicação médica para a gestação. Tal perspectiva mostra, claramente, que foi concebida em um contexto que prefere a medicalização[26] ao exercício de liberdades positivas[27].

A Resolução de 1992 foi baseada no *Warnock Report* de 1984, um *guideline* que tinha por objetivo regulamentar a prática da fertilização *in vitro* nos Países do Reino Unido. Foi uma resolução bastante tímida e representava basicamente o desejo dos médicos e outros profissionais de saúde que trabalhavam na área. Resumidamente, essa resolução proibiu a redução embrionária, a seleção de sexo, a transferência de mais de quatro embriões por ciclo (tentativa) e a destruição e comercialização de gametas e embriões. Por outro lado, permitiu a prática de congelamento e a realização de diagnóstico genético pré-implantacional (PGD). Foi omissa em todos os outros aspectos não mencionados, e por isso é considerada conservadora, ainda que para os padrões da época[28].

Dezoito anos mais tarde, foi substituída pela Resolução n. 1.957 de 2010[29]. Três anos depois o Conselho Federal de Medicina editou

---

24. Sanções administrativas previstas na Lei Federal n. 6.437/77, que incluem, entre outras, advertência, multa, interdição total ou parcial do estabelecimento e cancelamento do alvará de licenciamento.
25. Os interessados devem procurar por Relatório do Sistema Nacional de Produção de Embriões.
26. BERGALLO, Paola. De la libertad reproductiva a la justicia reproductiva: perspectivas feministas sobre derechos y reproducción. In BERGALLO, Paola (Comp.). *Justicia, género y reproducción*. Buenos Aires: Libraria, 2010. p. 17.
27. RUZYK, Carlos Eduardo Pianovski. *Institutos fundamentais do direito civil e liberdade(s)*: repensando a dimensão funcional do contrato, da propriedade e da família. Rio de Janeiro: GZ, 2010.
28. LEITE, Tatiana Henriques. Análise crítica sobre a evolução das normas éticas para a utilização das técnicas de reprodução assistida no Brasil. *Ciência & Saúde Coletiva*, Rio de Janeiro, v. 24, n. 3, p. 917-928, 2019. p. 922.
29. LEITE, Tatiana Henriques. Análise crítica sobre a evolução das normas éticas para a utilização das técnicas de reprodução assistida no Brasil. *Ciência & Saúde Coletiva*, Rio de Janeiro, v. 24, n. 3, p. 917-928, 2019. p. 922. "O contexto social da resolução de

38 — A REPRODUÇÃO HUMANA ASSISTIDA NA SOCIEDADE DE CONSUMO

a Resolução n. 2.013 de 2013[30]. Desde então, editou outras duas: a Resolução n. 2.121 de 2015[31] e a n. 2.168 de 2017. Antes de explorar alguns dos aspectos mais relevantes da Resolução n. 2.168 de 2017 é preciso meditar acerca da força normativa das resoluções editadas pelo Conselho Federal de Medicina, em especial, por conta da crítica[32] que pesa sobre a utilização de regras

---

2010 foi bastante diferente da primeira. Essa resolução trouxe muitas transformações de uma única vez, e não foi por acaso. Após 18 anos em vigor, a resolução de 92 estava tão defasada que não condizia com a prática clínica. Além disso, os aspectos em que a resolução era omissa, dava margens a diferentes entendimentos entre os profissionais que trabalham nesse campo. Uns acreditavam que a omissão, por exemplo, da reprodução assistida *post-mortem* não significava ato antiético, já que a resolução não condenava expressamente a prática. Outros acreditavam que pelo fato desse aspecto não ter sido mencionado, não poderia ser realizado. As principais alterações incorporadas com a resolução de 2010 foram: a transferência embrionária limitada por faixa etária da mulher (até 35 anos – 2 embriões; entre 36 e 39 anos – 3 embriões e mais de 40 anos –máximo 4 embriões), a não exigência de estado civil e sexo específico para ser considerado candidato a TRA, a possibilidade de descarte de embrião e, por fim, a regularização da reprodução assistida post mortem. Essa resolução inovou por abrir o debate sobre a utilização das TRA por pessoas solteiras e casais homoafetivos. No entanto, foi considerada conservadora por abordar esse e outros temas polêmicos de uma maneira discreta".

30. LEITE, Tatiana Henriques. Análise crítica sobre a evolução das normas éticas para a utilização das técnicas de reprodução assistida no Brasil. *Ciência & Saúde Coletiva*, Rio de Janeiro, v. 24, n. 3, p. 917-928, 2019. p. 922. "Três aspectos principais marcam o contexto da resolução de 2013. O primeiro foi a necessidade de reforçar a tendência de atualizações frequentes para que o documento não se tornasse obsoleto, como aconteceu com a resolução de 1992. O segundo foi assegurar de maneira clara e definitiva o direito de pessoas solteiras e homossexuais a terem acesso às TRA. O terceiro aspecto foi a limitação da idade da mulher para gestar. Além dessas modificações, a resolução de 2013 também incorporou diversas alterações como: estipulação de idade limite para doação de gametas, previsão de criopreservação de tecido gonádico, alterações nas finalidades diagnósticas e terapêuticas do PGD, cessão de útero com documentação comprobatória e afrouxamento dos laços sanguíneos para a receptora do embrião e, por fim, a determinação de que todos os casos não previstos na resolução devem ser encaminhados para o Conselho Federal de Medicina".

31. LEITE, Tatiana Henriques. Análise crítica sobre a evolução das normas éticas para a utilização das técnicas de reprodução assistida no Brasil. *Ciência & Saúde Coletiva*, Rio de Janeiro, v. 24, n. 3, p. 917-928, 2019. p. 922. Na resolução de 2015, destacam-se os seguintes aspectos: "a doação compartilhada de oócitos (procedimento que consiste na doação de metade dos oócitos de uma mulher para outra mulher mediante o custeio do tratamento da primeira), a permissão para gestação compartilhada (ocorre quando em um casal de mulheres uma doa os oócitos e a outra faz a gestação) entre casais homoafetivos feminino e, por fim, uma relativização da idade da mulher para gestar".

32. OTERO, Marcelo Truzzi. Contratação da barriga de aluguel gratuita e onerosa: legalidade, efeitos e o melhor interesse da criança. *Revista Brasileira de Direito das Famílias e Sucessões*, São Paulo, v. 12, n. 20, p. 19-38, 2011. NAVES, Bruno Torquato de Oliveira;

4 • A REGULAÇÃO JURÍDICA DA REPRODUÇÃO HUMANA ASSISTIDA NO BRASIL

profissionais deontologicamente gestadas como modelos de conduta pelo Poder Judiciário.

Qualquer resposta para esta questão impõe refletir – em contextos inegavelmente marcados pelo pluralismo jurídico e pela fragmentação do Direito – se atores sociais que não integram, formalmente, os quadros legislativos podem produzir regras jurídicas.

A reflexão aqui proposta pressupõe cogitar, ainda, se o fato de o Conselho Federal de Medicina ser usualmente classificado como autarquia profissional que integra a administração pública indireta o incumbe de funções típicas do Estado[33], dentre as quais, obviamente, estaria incluída a criação e aplicação de regras jurídicas[34] ou se, por outro lado, "a edição de resoluções com caráter normativo extrapola suas atribuições previstas em lei"[35].

Ademais, não se pode desprezar que os Tribunais brasileiros têm utilizado, repetidamente, distintas resoluções editadas pelo Conselho Federal de Medicina como lastro normativo fundante das suas decisões, o que, no mínimo, revela a sua força no campo empírico[36], mesmo quando, talvez,

---

FREIRE DE SÁ, Maria de Fátima. Panorama bioético e jurídico da reprodução humana assistida no Brasil. *Revista Bioética y Derecho*, Barcelona, n. 34, p. 64-80, 2015. p. 67.
Apontando os autores, claramente sitiados no positivismo jurídico, que "uma resolução não pode inovar originariamente a ordem jurídica. As resoluções do Conselho Federal de Medicina não criam o Direito, mas regulam o exercício da profissão médica. Inobstante isso, as resoluções do Conselho Federal de Medicina servem como parâmetro interpretativo para o Direito. Até porque as técnicas são uma realidade e a evolução da Medicina vem impactando o Direito, obrigando-o a pensar acerca da abrangência e dos limites das novas situações familiares".

33. CARVALHO FILHO, José dos Santos. *Manual de direito administrativo.* 21ª ed. Rio de Janeiro: Lumen Juris, 2009. p. 445.

34. ARAÚJO, Nádia de; VARGAS, Daniela Trejos; MARTEL, Letícia de Campos Velho. Gestação de substituição: regramento no direito brasileiro e seus aspectos de direito internacional privado. In BAPTISTA, Luiz Olavo; RAMINA, Larissa; FRIEDRICH, Tatyana Scheila. (Org.). *Direito internacional contemporâneo.* Curitiba: Juruá, 2014. p. 485.

35. GRAZIUSO, Bruna Kern. *Úteros e fronteiras:* gestação de substituição no Brasil e nos Estados Unidos. Florianópolis: Tirant lo blanch, 2018. p. 100-112.

36. Acerca da aplicação das Resoluções envolvendo a reprodução humana assistida há três interessantes precedentes no Tribunal de Justiça do Estado do Rio Grande do Sul. No primeiro e segundo casos, a Corte gaúcha determinou que o poder público custeasse o tratamento de fertilização *in vitro*, uma vez que os direitos reprodutivos enquadrar--se-iam no rol de direitos fundamentais à saúde de acordo com indicação da normativa do Conselho Federal de Medicina (TJRS. Apelação Cível n. 70039644265. Relator:

ultrapassando suas atribuições legais, o Conselho Federal de Medicina [esteja] violando o princípio da legalidade, com base no artigo 37 da Constituição Federal brasileira e, dessa forma, a referida Resolução poderia ser considerada ilegal [ou mesmo inconstitucional] por restrição à direitos fundamentais como [o] direito à liberdade e ao planejamento familiar[37].

Como não se busca, aqui, resolver esse quebra-cabeças dogmático, é possível seguir em frente para registrar que a Resolução n. 2.168/2017 do Conselho Federal de Medicina, inicialmente, destaca que as técnicas de reprodução assistida podem ser utilizadas desde que exista alguma probabilidade de sucesso e não haja risco grave à saúde da gestante e (ou) da *futura* prole. Ela aponta, ainda, que *quase todas* as pessoas capazes podem submeter-se às técnicas de reprodução assistida desde que, prévia e devidamente esclarecidas sobre os protocolos a serem observados, os cuidados e os riscos imanentes à situação, anuam com o procedimento.

O recurso linguístico destacado no parágrafo anterior – *quase todas* – foi propositalmente utilizado tendo em mente que – aos olhos do Conselho Federal de Medicina – mulheres com mais de 50 anos não podem submeter-se à reprodução humana assistida senão em casos excepcionais e mediante expressa e fundamentada autorização lavrada pelo médico responsável pela fertilização. Se e quando emitida a referida permissão, deve ter sua fundamentação pautada, necessariamente, em aspectos técnicos e científicos, bem como explicitar os riscos atados à técnica eleita, pouco importando aqui se a reprodução é adjetivada como homóloga ou heteróloga ou, ainda, se haverá (ou não) gestação por substituição.

Des. Arminio José Abreu Lima da Rosa. Porto Alegre, julgado em 26 jan. 2011. TJRS. Agravo de Instrumento n. 70055274518. Relator: Des. Carlos Roberto Lofego Canibal. Porto Alegre, julgado em 16 abr. 2014). O terceiro julgado tem por lastro a história de um casal que procurou o Poder Judiciário para retificar a filiação de recém-nascido oriundo de técnica de reprodução humana assistida e garantir o acesso às dimensões formal e substancial da parentalidade. Na ocasião, o juízo de primeiro grau entendeu por citar o doador do material genético como interessado na lide. Em sede de agravo, proposto pelas autoras do projeto parental, o Tribunal de Justiça entendeu que o pai biológico não deveria participar do processo, devendo ser preservado seu anonimato nos termos da Resolução do Conselho Federal de Medicina (TJRS. Agravo de Instrumento n. 70052132370. Relator: Des. Luiz Felipe Brasil Santos. Porto Alegre, julgado em 04 abr. 2013). Acesso em: 15 set. 2018.

37. GRAZIUSO, Bruna Kern. *Úteros e fronteiras*: gestação de substituição no Brasil e nos Estados Unidos. Florianópolis: Tirant lo blanch, 2018. p. 239.

4 • A REGULAÇÃO JURÍDICA DA REPRODUÇÃO HUMANA ASSISTIDA NO BRASIL

A retrocitada restrição, entretanto, em nada auxilia a identificação de situações fenomênicas que, somente por serem coloridas como extravagantes, permitirão que mulheres com mais de cinquenta anos de idade possam gestar um dos muitos filhos da técnica ou, ainda, fornecerem os óvulos a serem gestados por outrem, pois, tendo em mente o tempo ditado por *Chronos* é preciso registrar, aqui, que a Resolução ora esquadrinhada também limita o rol dos potenciais doadores de óvulos e espermatozoides: 35 anos para as mulheres, 50 anos para os homens.

Tal limitação, para além da forte crítica detectada nos estudos de gênero[38] e que no Brasil encontra respaldo na promessa constitucional de tratamento isonômico, enseja a dúvida sobre a possibilidade de médicos excepcionarem a limitação cronológica imposta para a doação de material genético, evidentemente, desde que o façam de forma fundamentada.

Noutras palavras, óvulos de mulheres com mais de trinta e cinco anos e espermatozoides de homens que viveram mais de meio século também poderão ser utilizados na realização de seus projetos parentais, ou mesmo, na concepção de filhos desejados por outrem?

Outras tantas indagações podem ser formuladas:

- Será possível falar em filhos nascidos "fora do tempo"? Há uma faixa etária que deva ser considerada adequada quando se tem em mente o fato de que a experimentação de projetos parentais é um direito constitucionalmente garantido a todos no Brasil?

- Os "filhos da maturidade" serão "vítimas do desejo egoístico" de seres que não experimentaram a paternidade ou a maternidade no tempo estipulado por *Reia*[39]?

- E caso se identifique que a *elevada idade* de pais ou das mães afeta, de alguma forma, a construção da personalidade de seus filhos, será possível sustentar a reparação de tais danos em favor dos seres concebidos por meio do auxílio

---

38. SIEGEL, Reva. Los argumentos de igualdad sexual a favor de los derechos reproductivos: su fundamento crítico y su expresión constitucional evolución. In BERGALLO, Paola (Comp.). *Justicia, género y reproducción*. Buenos Aires: Libraria, 2010. p. 47-69.

39. BARBOZA, Heloísa Helena; ALMEIDA, Vitor. (Des)igualdade de gênero: a mulher como sujeito de direito. In TEPEDINO, Gustavo; TEIXEIRA, Ana Carolina Brochado; ALMEIDA, Vitor. *O direito civil*: entre o sujeito e a pessoa. Belo Horizonte: Forum, 2016. p. 185.

da técnica? Enfim, ainda nesse cenário, pais intencionais, médicos, clínicas e doadores figurarão como réus?

Fato é que, mesmo que esta pesquisa não busque em questionar – ao menos por ora – a importância fundida à implementação de "medidas preventivas" aptas a evitar situações nas quais exista "gravidez de risco", é preciso ressaltar a manifesta ausência de legitimidade do órgão de classe no que toca à limitação da idade de mulheres e homens que buscam vivenciar o projeto parental na maturidade.

O "direito fundamental à procriação"[40] ou, como parece ser mais adequado, o exercício de direitos sexuais e reprodutivos constitucionalmente assegurados no Brasil, não pode ser castrado por uma regra prenhe de *moralidade Vitoriana* e que

> impinge uma discriminação odiosa à mulher, eis que, por questões biológicas, a idade fértil da mulher cessa em período anterior a do homem. Melhor seria assegurar o exercício do direito à parentalidade a qualquer pessoa que se encontre em condições médicas para tanto, e que por diversos fatores sociais, econômicos, culturais e pessoais desejam concretizar pela primeira vez o projeto parental ou revivê-lo em virtude de um novo relacionamento, por exemplo. Se por um lado deve-se assegurar a autodeterminação quanto às escolhas existenciais, inclusive as de cunho reprodutivo, por outro, é imprescindível a salvaguarda dos interesses da futura criança, com base no seu prioritário tratamento[41].

Cabe lembrar que o exercício da parentalidade tardia não afeta o livre e sadio desenvolvimento da criança e do adolescente, nem viola o princípio da parentalidade responsável, e, muito menos, afronta a dignidade dos filhos futuros. É possível assegurar as condições de cuidado integral e afeto mesmo se o exercício parental se der em um estágio mais tardio da vida[42].

---

40. NAVES, Bruno Torquato de Oliveira; FREIRE DE SÁ, Maria de Fátima. Panorama bioético e jurídico da reprodução humana assistida no Brasil. *Revista Bioética y Derecho*, Barcelona, n. 34, p. 64-80, 2015. p. 68.

41. BARBOZA, Heloísa Helena; ALMEIDA, Vitor. (Des)igualdade de gênero: a mulher como sujeito de direito. In TEPEDINO, Gustavo; TEIXEIRA, Ana Carolina Brochado; ALMEIDA, Vitor. *O direito civil*: entre o sujeito e a pessoa. Belo Horizonte: Forum, 2016. p. 185.

42. BARBOZA, Heloísa Helena; ALMEIDA, Vitor. (Des)igualdade de gênero: a mulher como sujeito de direito. In TEPEDINO, Gustavo; TEIXEIRA, Ana Carolina Brochado; ALMEIDA, Vitor. *O direito civil*: entre o sujeito e a pessoa. Belo Horizonte: Forum, 2016. p. 185.

Por sua vez, o número de embriões a serem implantados oscila de dois a quatro, consoante a idade da receptora. Mulheres com menos de 35 anos poderão receber até dois embriões, as que têm entre 36 e 39 anos de idade, até três e, mulheres que tenham 40 (ou mais) anos poderão ter implantados, ao mesmo tempo, no máximo quatro embriões.

Em princípio, a referida regra aparenta ter por lastro a equação fertilidade *versus* faixa etária e, consoante a literatura especializada, poderia ter sido mais bem elaborada, em especial, quando se identifica que o Direito pátrio aparentemente veda o recurso à redução embrionária, equiparando-o ao aborto.

Com a falta de possibilidade de fazer redução embrionária e com a crescente preocupação em garantir a segurança da mulher, a prevenção de gravidez múltipla através [sic] do número de embriões transferidos e faixa etária poderia ser melhorado. Aspectos relacionados ao embrião e ao caso clínico poderiam ser considerados como, por exemplo, a qualidade embrionária, estágio de desenvolvimento embrionário no momento da transferência [dia 3 ou blastocisto] e número de tentativas falhas em ciclos anteriores[43].

De outra banda, a Resolução aqui analisada expressamente permite a intervenção médica no contexto de relacionamentos homoafetivos e de pessoas que integram o crescente universo dos *singles*. Ela faz referência à possibilidade de "gestação compartilhada" nas uniões femininas nas quais não exista infertilidade, ocasião na qual haverá a implantação de um óvulo, fecundado depois de ser colhido junto a uma das parceiras, no útero da outra, de modo a permitir que ambas vivenciem, mais intimamente, o projeto maternal.

Tais regras e as correlatas possibilidades, capazes de causar ânsia em estômagos reacionários, sem dúvida, são conquistas que precisam ser celebradas em um país com tantos preconceitos. Todavia, ao mesmo tempo em que a Resolução aqui explorada faculta amplo acesso à reprodução humana assistida – e note o leitor que os custos econômicos não integram essa nota –, acaba flertando com a intolerância ao incluir, em seu texto, ressalva marcada pelos

---

43. LEITE, Tatiana Henriques. Análise crítica sobre a evolução das normas éticas para a utilização das técnicas de reprodução assistida no Brasil. *Ciência & Saúde Coletiva*, Rio de Janeiro, v. 24, n. 3, p. 917-928, 2019. p. 923.

seguintes dizeres: "respeitado o direito a objeção de consciência por parte do médico" ...

É preciso dizer, ainda, que o anonimato entre doadores e receptores há de ser preservado[44], o que obriga, evidentemente, os médicos e demais personagens que participaram do processo a respeitarem o dever de sigilo[45]. Nada de novo para aqueles que conhecem as manifestações da boa-fé objetiva no direito privado[46]. Aliás, aparentemente, com o mesmo objetivo, proíbe-se que integrantes das equipes médicas e (ou) funcionários das clínicas doem seus gametas, vedações que parecem buscar dificultar o acesso, o conhecimento da ascendência genética, incluindo, no limiar das reflexões, a possibilidade teórica de produção de efeitos nas searas alimentar e sucessória.

Oportuno salientar que anonimato emerge como uma situação potencialmente ameaçada na identificação do crescente recurso a inseminações caseiras[47]. Tais eventos são impregnados de riscos sanitários e somente por esse fato devem ser desestimulados.

E, naquilo que interessa a este trabalho, ao menos aparentemente, os contratos que antecipem a reprodução assistida em sua vertente doméstica e tenham por escopo delinear os limites fáticos dessa relação carregarão consigo a marca da nulidade[48], em especial, quando se percebe que por meio deles não será possível afastar vínculos e responsabilidades futuras e os deveres afetos à conexão parental que ligará, ao menos em princípio, aqueles que fornecem

---

44. Igualmente, a Resolução n. 1.931/2009 do Conselho Federal de Medicina, que apresenta o Código de Ética Médica, dispõe sobre o sigilo profissional. "É vedado ao médico: Art. 73. Revelar fato de que tenha conhecimento em virtude do exercício de sua profissão, salvo por motivo justo, dever legal ou consentimento, por escrito, do paciente.
45. GARRAFA, Volnei; VASCONCELOS, Camila; LUSTOSA, Cátia; MEIRELLES, Ana Thereza; ARANHA, Anderson Vieira. Direito ao conhecimento da origem biológica na reprodução humana assistida: reflexões bioéticas e jurídicas. *Revista Bioética*, Brasília, v. 22, n. 3, p. 509-518, 2014. p. 513.
46. MARTINS COSTA, Judith. *A boa-fé no direito privado*: critérios para a sua aplicação. 2ª ed. São Paulo: Saraiva, 2018.
47. Vide a título de exemplo (a) https://maternidadelesbica.wordpress.com/2010/01/10/inseminacao-artificial-caseira/, (b) http://www.santoandre.sp.gov.br/biblioteca/bv/hemdig_txt/171023006.pdf, (c) https://paisamigos.com/coparentalidade/ e, (d) https://revistacrescer.globo.com/Voce-precisa-saber/noticia/2018/07/inseminacao-artificial--caseira-os-riscos-da-ideia-que-se-espalha-cada-vez-mais-em-grupos-de-internet.html.
48. Nos termos do artigo 166, VI do Código Civil.

4 • A REGULAÇÃO JURÍDICA DA REPRODUÇÃO HUMANA ASSISTIDA NO BRASIL

os óvulos ou os espermatozoides sem os quais a vida humana não pode ser produzida.

É preciso vislumbrar, também, no que toca ao tema, o fato de que

apesar de existir certa curiosidade em conhecer a doadora, considera-se que é melhor que o anonimato seja mantido. Pois o conhecimento da doadora implicaria na corporificação dessa pessoa, na associação daquele óvulo anônimo com uma mulher com um nome, um corpo completo, uma história de vida, uma personalidade. E essa corporificação dificultaria a apropriação do filho pela receptora, porque esta poderia passar a ver no filho a doadora. Conhecer a doadora seria criar uma imagem definitiva e real na cabeça da receptora, seria dar forma a um fantasma que pode perseguir a receptora, tanto no caso de a doadora querer de volta a criança, como no sentido de estar presente, ainda que ausente, através [sic] do reconhecimento constante de similaridades entre a criança e a doadora[49].

Outro paradoxo emerge, aqui, em todo o seu esplendor quando se resgata a dimensão dogmática que envolve o direito à identidade genética[50] e, ainda, a expressa previsão do referido direito no artigo 48 do Estatuto da Criança e do Adolescente, um direito que, após ter sido originalmente rabiscado sobre telas nas quais o conhecimento da origem biológica poderia promover, estimular, acicatar, conduzir a "sadia constituição psíquica e emocional" de crianças e adolescentes adotados, parece alcançar, hodiernamente, "circunstâncias fáticas semelhantes" de modo a garantir a mesma possibilidade fenomênica àqueles que foram gerados "por técnica heteróloga de reprodução humana assistida"[51].

Se bien la genética no tiene por qué resultar decisiva para la configuración de la propia identidad ni para el establecimiento de la filiación, para determinados individuos puede constituir un elemento determinante en la configuración de la

---

49. COSTA, Rosely Gomes. O que a seleção de doadores de gametas pode nos dizer sobre noções de raça. *Physis: Revista de Saúde Coletiva*, Rio de Janeiro, v. 14, n. 2, p. 235-255, 2004. p. 246.
50. LOBO, Paulo Luiz Netto. Direito ao estado de filiação e direito à origem genética: uma distinção necessária. *Revista CEJ*, Brasília, n. 27, p. 47-56, out./dez. 2004. CERUTTI, Eliza. A ancestralidade genética como desdobramento dos direitos de personalidade. In SOUZA, Ivone Maria Cândido Coelho de (Org.). *Família contemporânea*: uma visão interdisciplinar. Porto Alegre: Letra & Vida, 2011.
51. NAVES, Bruno Torquato de Oliveira; FREIRE DE SÁ, Maria de Fátima. Panorama bioético e jurídico da reprodução humana assistida no Brasil. *Revista Bioética y Derecho*, Barcelona, n. 34, p. 64-80, 2015. p. 69.

propia identidad y en la comprensión de muchos aspectos de su personalidad. En ese contexto, surge la pregunta de si el Estado puede impedir el acceso a un elemento identitario cuyo control es posible. Puesto que existe control sobre dicha información, la misma debería ponerse al alcance de los interesados, dejando a su criterio el ejercicio de la opción d conocer sus orígenes[52].

A plêiade de questões que gravita em torno dos aspectos jurídicos da reprodução humana assistida não se esgota nos problemas explorados, tampouco nas angústias compartilhadas ao longo das páginas precedentes.

Em *Johnson versus Superior Court* o Tribunal do estado da Califórnia foi provocado a solucionar o seguinte impasse: Diane e Ronald Johnson recorreram ao *California Cryobank* para que a pequena Brittany pudesse vir ao mundo. Algum tempo após o nascimento descobriram que ela sofria de uma enfermidade conhecida como doença policística renal autossômica dominante.

O *California Cryobank*, mesmo após a comunicação formal do quadro patológico que afetara Brittany, seguiu afirmando que os espermatozoides fornecidos pelo "Doador 276" – cujo anonimato deveria ser preservado, diante da cláusula de confidencialidade pactuada – tinham sido geneticamente testados e aprovados.

Os Johnson, então, demandaram o *California Cryobank* argumentando que ele deveria ter identificado traços da doença geneticamente transmissível e, consequentemente, não utilizado o material genético do "Doador 276". Diane demonstrou que não sofria da aludida patologia e que, portanto, a doença muito provavelmente derivaria do espermatozoide usado. Para comprová-lo, os Johnson pediram ao Poder Judiciário a quebra do anonimato de modo a permitir que o doador fosse identificado e chamado a testemunhar[53].

A *Court of Appeal* da Califórnia, entendendo que a manutenção do sigilo, na hipótese, afrontava a ordem pública – também porque a lei californiana assegura aos contratantes o direito de inspecionar os registros dos processos de fertilização, no melhor interesse das crianças –, impôs a quebra da confidencialidade, obrigando o *California*

---

52. COHEN, Glenn; AMORÓS, Esther Farnos. *Derecho y tecnologías reproductivas*. Madrid: Fundación Coloquio Jurídico Europeo, 2014. p. 111.
53. COHEN, Glenn; AMORÓS, Esther Farnos. *Derecho y tecnologías reproductivas*. Madrid: Fundación Coloquio Jurídico Europeo, 2014. p. 34-36.

4 • A REGULAÇÃO JURÍDICA DA REPRODUÇÃO HUMANA ASSISTIDA NO BRASIL 47

Cryobank a fornecer os dados pessoais necessários ao testemunho do doador, salientando, outrossim, que isso fosse feito da forma que melhor protegesse a sua intimidade e de sua família[54].

Situação similar poderia, sem dúvida, ter sido vivenciada no Brasil e, por isso, os refletores voltam a ser direcionados ao Direito pátrio para anotar que a Resolução em apreço impõe que clínicas e médicos registrem e arquivem os dados clínicos acerca dos doadores, suas características fenotípicas e material celular, especialmente, para que possam vir a ser acessados com objetivos médicos como eventual necessidade de investigar e tratar doenças hereditárias e, evidentemente, informar demandas de reparação de danos.

O referido registro, aliás, poderá auxiliar, ainda, a evitar relacionamentos consanguíneos futuros, embora, aqui, outro paradoxo emerja quando, uma vez mais, rememora-se o dever de sigilo que pulsa do texto normativo editado para balizar os protocolos médicos nos cenários da reprodução humana assistida.

Registre-se, ademais, que a Resolução n. 2.168/2017 do Conselho Federal de Medicina proíbe o emprego de técnicas para seleção do sexo ou de qualquer outra característica biológica da prole futura, salvo para evitar a possibilidade de doenças genéticas.

Convém lembrar que a Lei de Biossegurança também veda a eugenia, tratando-a, aliás, como conduta albergada pelo direito penal – o que revela o tamanho da aversão social à referida prática –, pois, para além dos aspectos explorados anteriormente nesta obra e ainda

> que não prejudique a criança ou reduza [a] sua autonomia, a eugenia perpetrada pelos pais é censurável [ao expressar e estabelecer] certa atitude diante do mundo – uma atitude de dominação, que não valoriza o caráter de dádiva das potências e conquistas humanas e desconsidera aquela parcela da liberdade que consiste em uma persistente negociação com aquilo que nos é dado[55].

Ao se observar o mundo empírico, entretanto, não se pode ignorar que *"es cierto que esta selección será inevitable e independiente del marco legal que se construya para regular la actividad de la reproducción*

---

54. California. Court of Appeal. Johnson v. Superior Court. Wests Calif Report. 2000;95:864-79. PubMed PMID: 17225339.
55. SANDEL, Michael. *Contra a perfeição:* ética na era da engenharia genética. Trad. Ana Carolina Mesquita. Rio de Janeiro: Civilização Brasileira, 2013. p. 93.

asistida. Pero toda la práctica médica involucrada [reproducción asistida más biopsia embrionaria] continuará siendo altamente costosa, es decir, sólo accesible para pocos"[56].

A questão ganha corpo, cresce em complexidade, quando se olha, com Yuval Noah Harari, através de algumas das janelas que emolduram parte do colorido que, talvez, dê vida aos dias a serem vividos no amanhã ...

Depois da seleção [dos melhores embriões] e da substituição [a nível mitocondrial], o passo seguinte é o da correção. Uma vez que se torne possível corrigir genes letais, por que passar pelo transtorno de inserir algum DNA estranho, quando se pode reescrever o código e transformar um perigoso gene mutante em sua versão benigna? Poderíamos então começar a usar o mesmo mecanismo para consertar, além de genes letais, todos os responsáveis por doenças menos fatais, como o autismo, a obesidade e a estupidez. Quem iria querer que seu filho sofresse de um desses males? Suponha que um teste genético indicasse que sua filha ainda por nascer seria inteligente, bonita e bondosa, mas que sofreria de depressão crônica. Você não gostaria de salvá-la de anos de sofrimento como uma intervenção rápida e indolor em um tubo de ensaio?

E já que você está por ali, por que não dar um pequeno empurrão à criança? A vida é dura e desafiadora até mesmo para pessoas saudáveis. Assim, seria muito conveniente que a menina tivesse um sistema imunitário mais forte que o normal, uma memória acima da média, ou um humor especialmente bom. Talvez você não quisesse isso para a sua filha, mas e se os vizinhos fizessem isso para os filhos deles? Você deixaria a sua filha para trás? E se o governo proibisse todos os cidadãos de praticar engenharia genética com seus bebês, e os norte-coreanos a utilizassem, resultando na produção de gênios espantosos, artistas e atletas que de longe iriam nos superar em desempenho[57]?

Tais preocupações, aliás, acabam se transformando em um problema deveras inquietante quando se percebe que curar, tratar patologias de modo a favorecer a vida acaba sendo a justificativa que é inicialmente encontrada para legitimar cada atualização técnica[58] no campo da genética humana.

---

56. RIVERA LÓPEZ, Eduardo. *Problemas de vida o muerte*: diez ensayos de bioética. Madrid: Marcial Pons, 2011. p. 152.
57. HARARI, Yuval Noah. *Homo Deus*: uma breve história do amanhã. Trad. Paul Geiger. São Paulo: Companhia das Letras, 2016. p. 62.
58. HARARI, Yuval Noah. *Homo Deus*: uma breve história do amanhã. Trad. Paul Geiger. São Paulo: Companhia das Letras, 2016. p. 62.

4 • A REGULAÇÃO JURÍDICA DA REPRODUÇÃO HUMANA ASSISTIDA NO BRASIL

Ao retomar, aqui, a leitura dos principais aspectos tocados pela Resolução n. 2.168/2017 é preciso relatar, ainda, que a escolha do(s) doador(es) é responsabilidade médica, impondo-se ao profissional o dever de garantir a maior semelhança fenotípica e a melhor compatibilidade, possíveis, entre o embrião e a receptora, o que exige dele considerar características físicas observáveis como (a) a cor da pele, (b) do cabelo, (c) dos olhos, (d) estatura, (e) formato do nariz, (f) espessura dos lábios etc., especialmente, por ter sido identificado que as semelhanças entre os parentes, principalmente, pais, filhos e irmãos, contribui para que se possa construir a representação de paternidade e da maternidade, auxiliando, ainda, o processo de inclusão social da criança.

Há, ainda, outra razão bastante saliente que justifica a procura de semelhanças fenotípicas: muitas pessoas mantêm em sigilo a necessidade de doação de gametas e, obviamente, o nascimento de um(a) filho(a) com características deveras distintas das que caracterizam os genitores poderia revelar ao mundo informações que talvez eles prefiram manter nas sombras da intimidade ...

***

De algum modo espalhada sobre essas mesmas telas, a Resolução n. 2.168 de 2017 dispõe que a gestação por substituição é permitida quando quadros patológicos – estruturais ou funcionais, pouco importa[59] – impeçam ou, no mínimo, contraindiquem a gravidez.

Nos termos do texto atual, a *gestatrix* deverá integrar a família de um dos titulares do projeto parental, ligação que alcança o quarto grau[60] de parentesco e que faz com que sogras, mães, irmãs, tias, primas e sobrinhas possam compor esse conjunto.

Ademais, excepcionalmente e desde que previamente autorizado pelo Conselho Regional de Medicina, mulheres que não integrem

---

59. CERUTTI, Eliza. Gestação por substituição: o que o Brasil pode aprender com a experiência estrangeira. *Revista Nacional de Direito de Família e Sucessões*, Porto Alegre, v. 2, n. 12, p. 14–30, maio/jun., 2016.
60. As Resoluções n. 1.358/1992 e 1.957/2010 impunham limitavam o parentesco ao segundo grau.

o referido quadro poderão gestar o sonho alheio. Tanto a restrição apontada como a exceção que permite afastá-la, aparentemente, derivam da pressuposição de que a pré-existência de vínculos morais entre os pais intencionais e a *gestatrix* reduzirá eventuais conflitos[61], reduzindo, ainda, as hipóteses nas quais a remuneração venha a ser simulada sob as cores da gratuidade[62].

Fato é que a constitucionalidade da limitação imposta pelo Conselho Federal de Medicina emerge, uma vez mais, como uma medida deveras questionável ante a potencial e iminente ofensa à liberdade constitucionalmente assegurada em sua vertente reprodutiva, o que ocorre mesmo diante da exceção aberta pela Resolução em apreço.

Como antecipado e igualmente tendo por lastro normativo o mesmo fundamento jurídico, também parece não haver sentido algum em restringir o uso da técnica a pessoas que não possam gestar, sendo oportuno lembrar que consoante a Resolução aqui esquadrinhada:

> [as] clínicas, centros ou serviços de reprodução assistida podem usar técnicas de reprodução assistida para criarem a situação identificada como gestação de substituição, desde que exista um problema médico que impeça ou contraindique a gestação na doadora genética, em união homoafetiva ou pessoa solteira[63].

Referida restrição apresenta teor – no mínimo – inquietante, e isso, tanto no que toca a sua constitucionalidade como no que pertine as suas justificativas científicas, valendo lembrar, inicialmente, que "ninguém será obrigado a fazer ou deixar de fazer alguma coisa senão em virtude de lei", consoante o artigo 5º, inciso II, da Constituição Federal e que lei sobre o tema não há!

> Aliás, a normatividade que pulsa de outro princípio constitucional – tem-se em mente o princípio da isonomia em sua vertente substancial – é posta em xeque quando se identifica que Resolução ora esquadrinhada legitima o recurso à

---

61. FREIRE DE SÁ, Maria de Fátima; RETTORE, Anna Cristina de Carvalho. A gestação de substituição vista como um contrato em prol da garantia de segurança jurídica aos participantes e à criança a nascer. In TEIXEIRA, Ana Carolina Brochado; RODRIGUES, Renata de Lima (Coord.). *Contratos, famílias e sucessões*: diálogos interdisciplinares. Indaiatuba: Foco, 2020. p. 114.

62. GODINHO, Adriano. *Direito ao próprio corpo*: direitos da personalidade e os atos de limitação voluntária. Curitiba: Juruá, 2014. p. 255.

63. Conselho Federal de Medicina. Resolução n. 2.168/2017, Seção VII, *caput*.

4 • A REGULAÇÃO JURÍDICA DA REPRODUÇÃO HUMANA ASSISTIDA NO BRASIL

gestação compartilhada a casais de mulheres tão férteis como *Afrodite* ou *Vênus* ao autorizar a implantação, no útero da outra, do embrião obtido a partir da fecundação do óvulo da parceira. Em tal quadro, no limite, a responsável pela renda familiar terá óvulo seu fertilizado para ser implantado na parceira que se propôs a gestá-lo – pouco importando as razões que fundam essa escolha – situação que se revela ao mundo enquanto imagem especular perfeita da hipótese suscitada, exceto pela opção sexual da futura mãe de uma criança gestada em ventre alheio.

De outra banda, cogitando a mui verossímil situação na qual um sem número de mulheres poderá ter seu projeto parental obstaculizado pela impossibilidade de ausentarem-se do trabalho durante os meses necessários a uma gestação saudável – por aspectos afetos, por exemplo, ao Império do Patriarcado – desvela-se, em muitos contextos imagináveis em concreto, que a gestação por substituição milita em favor do melhor interesse da futura prole, uma vez que propicia que sua genitora permaneça labutando, empregada e com renda, e sem que isso a impeça de acompanhar o processo gestacional. Em tal contexto, a conhecida dissociação entre maternidade e gestação poderá facultar a ampliação de vantagens – incluídos, aqui, benefícios com natureza econômica – que poderão vir a ser revertidas em favor da futura prole.

E ao vislumbrar-se que a referida prática médica está intimamente atada ao universo do consumo – embora, nem sempre, este campo do direito terá incidência sobre a fenomenologia social – outro argumento emerge em prol da viabilidade normativa de acesso à técnica da gestação por substituição a qualquer mulher que queira dela lançar mão, pois, com efeito, nos termos do artigo 39, inciso IX, da codificação consumerista, tem-se que a recusa à prestação de serviços a quem se disponha a contratá-los caracteriza prática abusiva, exceto diante de legislação específica que, como visto, não existe na hipótese.

Daí que constatada a inexistência de ato legislativo que dê conta das técnicas de gestação por substituição no Brasil, parece imperioso reconhecer a ilicitude da recusa à realização da *surrogacy* independentemente do quadro clínico vivido pela mãe intencional, uma vez que a mencionada Resolução não tem o condão de exonerar os profissionais das obrigações que lhe são legalmente impostas[64].

Outro aspecto deveras importante sugere a contundente defesa do argumento de que mesmo na ausência de qualquer disposição legal expressa acerca do tema, a *gestatrix* não poderá rechear seu próprio útero com embriões produzidos a partir da fecundação de

---

64. CATALAN, Marcos; CASSEL, Felipe. *Uma sucinta reflexão acerca da negação de liberdades no âmbito da reprodução humana assistida*. Empório do Direito, Florianópolis, 20 dez. 2019.

óvulos dela extraídos. A necessidade de preservação do anonimato atada à cessão de gametas explica-o, ao mesmo tempo que, em nosso sentir, também o justifica a proteção destinada aos direitos de personalidade no Brasil.

Em se tratando de gestação por substituição, além do termo de consentimento, um termo de compromisso entre os titulares do projeto parental e a *gestatrix* deverá ser formulado visando a estabelecer direitos e deveres, protocolos e garantias. Recomenda-se também que sejam esclarecidos aspectos afetos à filiação e registro do recém-nascido, evidentemente, pelos pais intencionais.

A minuta pode – talvez melhor seja grafar deve – incluir, ainda, as garantias de tratamento médico à gestante e sua forma de custeio, condutas que terão início na preparação de seu corpo para receber o embrião e deverão se estender, pelo menos, até o puerpério.

> É, outrossim, possível admitir que no contrato de gestação por substituição sejam definidos comportamentos com os quais a gestante deverá [...] se comprometer. Novamente, isso representará o exercício de um direito da personalidade seu, referente a sua autonomia corporal e livre uso do corpo. Por meio desse exercício, a mulher se prestará não apenas a gestar o bebe alheio como se vinculará a certos comportamentos negocialmente acordados, a exemplo de não pintar o cabelo, fumar, consumir bebidas alcoólicas ou até mesmo não se submeter a atividades de risco, sejam profissionais ou esportivas, no período gestacional[65].

O referido documento, até recentemente, serviu de prova em demandas judiciais que buscavam o reconhecimento da filiação. Atualmente, como frisado outrora, nos termos do Provimento n. 63/2017 do CNJ, ao lado da declaração de nascido vivo, para fim de registro civil do nascimento, deverá ser apresentado ao Oficial do Registro Civil o termo de compromisso firmado entre a *gestatrix* e a clínica ou o(s) médico(s).

Tendo em mente os aspectos formais que envolvem a questão, saliente-se ainda que

---

65. FREIRE DE SÁ, Maria de Fátima; RETTORE, Anna Cristina de Carvalho. A gestação de substituição vista como um contrato em prol da garantia de segurança jurídica aos participantes e à criança a nascer. In TEIXEIRA, Ana Carolina Brochado; RODRIGUES, Renata de Lima (Coord.). *Contratos, famílias e sucessões*: diálogos interdisciplinares. Indaiatuba: Foco, 2020. p. 129.

4 • A REGULAÇÃO JURÍDICA DA REPRODUÇÃO HUMANA ASSISTIDA NO BRASIL

a partir de 2013, houve a necessidade de anexar ao prontuário dos pacientes alguns documentos comprobatórios relacionados a doação. Entre a documentação exigida está uma declaração do marido ou companheiro da mulher doadora de útero, se casada ou em união estável, aprovando a realização do procedimento [o que] fere a autonomia da mulher sobre seu corpo, constituindo um lapso retrógrado em uma resolução que vem mostrando uma evolução bastante liberal[66].

A Resolução em vigor dispõe, ainda, que o fornecimento de gametas, embriões e mesmo a cessão temporária do útero – o que impõe agregar ao raciocínio todo o complexo contexto que envolve toda e qualquer gravidez, umas, aliás, ainda mais complexas que outras – não poderá ter caráter lucrativo ou comercial, devendo estar impregnado do altruísmo que permitirá que terceiros possam experimentar seus projetos parentais.

É importante esclarecer, aqui, que a referida regra não exclui a possibilidade de exploração econômica dos serviços médicos correlatos à reprodução humana assistida, tampouco do reembolso das despesas efetuadas por quem[67] forneça seu corpo ou parte dele para a realização de projeto parental alheio.

A gestação por substituição em sua vertente comercial praticada em alguns países[68], consoante a literatura majoritária, parece ser vedada no Brasil, como também o são, aliás, o comércio de gametas e de embriões.

---

66. LEITE, Tatiana Henriques. Análise crítica sobre a evolução das normas éticas para a utilização das técnicas de reprodução assistida no Brasil. *Ciência & Saúde Coletiva*, Rio de Janeiro, v. 24, n. 3, p. 917-928, 2019. p. 925.

67. OTERO, Marcelo Truzzi. Contratação da barriga de aluguel gratuita e onerosa: legalidade, efeitos e o melhor interesse da criança. *Revista Brasileira de Direito das Famílias e Sucessões*, São Paulo, v. 12, n. 20, p. 19-38, 2011. p. 31.

68. CERUTTI, Eliza. *Gestação por substituição*: desafios contemporâneos do direito internacional privado e a imputação dos laços parentais. 2015. 74 f. Monografia (Especialização Novo Direito Internacional) – Universidade Federal do Rio Grande do Sul, Porto Alegre. p. 46-47. FINKELSTEIN, Alex et al. *Surrogacy law and policy in U.S.*: a national conversation informed by global lawmaking. New York: Columbia University, 2016. p. 87. Mesmo entre os países em que é legalizada a gestação por substituição, existem aqueles que proíbem a remuneração da gestante substituta. Além do Brasil, destacam-se a África do Sul, Canadá, Reino Unido, Grécia e, recentemente, Tailândia. Permitem a comercialização de gametas e útero, por exemplo a Ucrânia e alguns Estados dos EUA dentre os quais podem ser listados a Califórnia, Nevada e Flórida.

54 A REPRODUÇÃO HUMANA ASSISTIDA NA SOCIEDADE DE CONSUMO

Apesar de críticas como as que aludem à questionável "sacralização do corpo feminino"[69], aparentemente, tais contratos – quando onerosos – são marcados pela nulidade. Isso ocorre, não por conta do comando contido na Resolução ora explorada e, muito menos, por conta de eventual afronta à moral a bons costumes cultuados em um mundo, há muito, deixado para trás, mas por contrariarem a Lei de Biossegurança[70] e proporem a troca de *aspectos afetos à personalidade humana* por dinheiro equivalente econômico[71].

***

Tudo isso não impede a percepção do paradoxo que marca a escolha jusfilosófica que legitima e impõe a gratuidade o que, nessa linha, parece tutelar vulnerabilidades[72] sociais e econômicas[73] ao mesmo tempo em que exala execrável hipocrisia[74] por se dirigir,

---

69. FREIRE DE SÁ, Maria de Fátima; RETTORE, Anna Cristina de Carvalho. A gestação de substituição vista como um contrato em prol da garantia de segurança jurídica aos participantes e à criança a nascer. In TEIXEIRA, Ana Carolina Brochado; RODRIGUES, Renata de Lima (Coord.). *Contratos, famílias e sucessões*: diálogos interdisciplinares. Indaiatuba: Foco, 2020. p. 129.
70. Art. 5°. É permitida, para fins de pesquisa e terapia, a utilização de células-tronco embrionárias obtidas de embriões humanos produzidos por fertilização *in vitro* e não utilizados no respectivo procedimento, atendidas as seguintes condições: I – sejam embriões inviáveis; ou II – sejam embriões congelados há 3 (três) anos ou mais, na data da publicação desta Lei, ou que, já congelados na data da publicação desta Lei, depois de completarem 3 (três) anos, contados a partir da data de congelamento. [...] § 3°. É vedada a comercialização do material biológico a que se refere este artigo e sua prática implica o crime tipificado no art. 15 da Lei n° 9.434, de 4 de fevereiro de 1997.
71. BERMEJO, Aracelli Mesquita Bandolin. A validade do contrato de gestação substitutiva ou contratos gestacionais sob o enfoque do seu objeto. In TARIFA ESPOLADOR, Rita de Cássia Resquetti; PAIANO, Daniela Braga (Org.). *Questões atuais dos negócios jurídicos à luz do biodireito*: discussões sobre negócios biojurídicos. Londrina: Thoth, 2019. p. 40-43.
72. BORGES, Roxana Cardoso Brasileiro. *Disponibilidade dos direitos de personalidade e autonomia privada*. São Paulo: Saraiva, 2005. BORGES, Roxana Cardoso Brasileiro, VASCONCELLOS, Emanuel Lins Freire. Igualdade substancial e autonomia privada no código civil brasileiro de 2002. *Conpedi Law Review*, Florianópolis, v. 1, n. 8, p. 18-41, 2015.
73. GARRAFA, Volnei; VASCONCELOS, Camila; LUSTOSA, Cátia; MEIRELLES, Ana Thereza; ARANHA, Anderson Vieira. Direito ao conhecimento da origem biológica na reprodução humana assistida: reflexões bioéticas e jurídicas. *Revista Bioética*, Brasília, v. 22, n. 3, p. 509-518, 2014. p. 512.
74. GRAZIUSO, Bruna Kern. *Úteros e fronteiras*: gestação de substituição no Brasil e nos Estados Unidos. Florianópolis: Tirant lo blanch, 2018.

4 • A REGULAÇÃO JURÍDICA DA REPRODUÇÃO HUMANA ASSISTIDA NO BRASIL | **55**

exclusivamente, aos que fornecem seu material genético ou cedem temporariamente seus úteros para gestar o sonho alheio.

Tal opção normativa levou Fonseca, Hossne e Barchifontaine a constatar que, apesar da proibição de comercialização estipulada pela Resolução do Conselho Federal de Medicina, existe um mercado oculto de venda de gametas e serviços de gestação por substituição intermediado por clínicas médicas[75]. De fato, em um mundo que se mostra bem pouco altruísta, não deve ser fácil encontrar mulheres dispostas a se submeterem a tratamentos médicos custosos, injeções hormonais periódicas, procedimentos cirúrgicos eventuais marcados por riscos tão diversos quanto indesejáveis apenas para que possam auxiliar outros a terem seus próprios filhos[76].

Aliás, a belíssima pesquisa objetivando mapear as teses que tocam o assunto realizada por Marcelo Truzzi ajuda a entender que enquanto a corrente que defende a gratuidade "concentra seus argumentos (a) na defesa da dignidade da criança, (b) na preservação do consentimento livre e consciente de contratantes [que agiriam impulsionados pela pobreza ou por outras condicionantes sociais] e (c) na proibição de transações onerosas a respeito do corpo humano", os que sustentam a onerosidade afirmam que (d) ela não afronta à "dignidade da gestante ou da criança", mesmo porque a criança, no nascimento, teria um lar e uma família para amá-la, (e) a "invalidade do contrato" pressupõe a prova da exploração da gestante ou dos doadores de gametas, (f) o consentimento emitido por "mulheres maiores, capazes, conscientes de seus atos e respectivas consequências [é] expressão legítima de autodeterminação", (g) defender a "instrumentalização da mulher ignora, solenemente, que muitas [delas] aceitam a condição de geradoras movidas por interesses não exclusivamente patrimoniais" e, enfim, – o argumento é risível – que

---

75. FONSECA, Larissa Lupião; HOSSNE, William Saad; BARCHIFONTAINE, Christian de Paul de. Doação compartilhada de óvulos: opinião de pacientes em tratamento para infertilidade. *Revista Bioethikos*, São Paulo, v. 3, n. 2, p. 235-240, 2009. p. 238.

76. CERUTTI, Eliza. *Gestação por substituição*: desafios contemporâneos do direito internacional privado e a imputação dos laços parentais. 2015. 74 f. Monografia (Especialização Novo Direito Internacional) – Universidade Federal do Rio Grande do Sul, Porto Alegre. p. 60. Países como Reino Unido, Grécia e Israel exigem a gratuidade na gestação por substituição, mas, em contrapartida, permitem uma retribuição à gestante para compensar as atividades que deixou de exercer e os custos gerados pela gestação.

56 A REPRODUÇÃO HUMANA ASSISTIDA NA SOCIEDADE DE CONSUMO

(h) "a exploração econômica de mulheres débeis economicamente diz respeito a um problema social; e não jurídico"[77].

Arremata o autor:

Em tempos atuais, nada indica que a onerosidade do contrato gestacional não venha a ser recebida como mais uma demonstração do desejo fervoroso de ter um filho. Um derradeiro argumento favorável a tese da onerosidade seria a preservação da boa-fé e da proibição ao *venire contra factum proprium*. Sob estas duas premissas, a nulidade do contrato de gestação onerosa implicará, em eventual conflito sobre a maternidade, em uma tutela maior à mulher geradora que foi recompensada financeiramente, deixando ao desamparo àquela outra que agiu com propósito eminentemente altruísta, em verdadeiro desprestígio a boa-fé. O raciocínio é simples. Para os defensores da gratuidade da gestação por outrem, a contraprestação financeira nulifica a contratação. Instalado o conflito positivo de maternidade, bastaria à mulher geradora demonstrar o caráter oneroso da contratação para viciá-la e, consequentemente, suprimir lhe os efeitos, assegurando, pela via torpe, a permanência com a criança. Ao revés, a geradora que aceitou a contratação por altruísmo, que nada recebeu em contraprestação, estará adstrita a observar os termos do contrato, sem direito ao arrependimento, já que válida e eficaz a contratação. Sob essa perspectiva do direito ao arrependimento, a contratação onerosa seria infinitamente mais vantajosa para a geradora a contratação gratuita, o que não faz o menor sentido jurídico[78].

***

De outra banda e estando em um ponto deveras distante dos limites que informam cada uma das referidas antípodas, a abertura para a chamada "doação compartilhada" permite, a seu turno, que pessoas com problemas que provoquem quadros de infertilidade compartilhem seus gametas de forma a dividirem os custos do tratamento. Um horizonte que emerge tingido com cores alegres entremeio aos muitos tons de cinza percebidos em nossa caminhada ...

---

77. OTERO, Marcelo Truzzi. Contratação da barriga de aluguel gratuita e onerosa: legalidade, efeitos e o melhor interesse da criança. *Revista Brasileira de Direito das Famílias e Sucessões*, São Paulo, v. 12, n. 20, p. 19-38, 2011.

78. OTERO, Marcelo Truzzi. Contratação da barriga de aluguel gratuita e onerosa: legalidade, efeitos e o melhor interesse da criança. *Revista Brasileira de Direito das Famílias e Sucessões*, São Paulo, v. 12, n. 20, p. 19-38, 2011. p. 34-35.

4 • A REGULAÇÃO JURÍDICA DA REPRODUÇÃO HUMANA ASSISTIDA NO BRASIL

No mais, todos os pacientes que participam do procedimento devem ser informados – de forma detalhada – acerca dos muitos aspectos que envolvem a técnica de reprodução humana assistida, bem como, sobre os resultados obtidos naquela unidade de tratamento no que pertine ao uso pretérito da técnica eleita ou indicada.

Tais informações são dispostas em documento escrito e exigem a assinatura dos interessados. Trata-se de um requisito indispensável para a realização de qualquer intervenção, devendo o médico fornecer todas as informações necessárias em linguagem clara e de fácil compreensão.

Além disso, o profissional deve estar apto a reconhecer se aquele que recorre à assistência médica está expressando, livremente, o seu consentimento ou se a sua decisão mais parece ser um fruto rabiscado sobre uma tela que escancara, tal qual o retrato de Dorian Gray, toda a fragilidade humana.

Eis aqui outro campo propício a experimentação de dilemas e contradições.

O consentimento a ser obtido, como se percebe, há de ser deveras bem informado. A manifestação de vontade a ser colhida, na forma escrita, daqueles que buscam a reprodução humana pressupõe compreensão prévia, clara e ampla de todas as possibilidades – as que provocam felicidade e as que causam incômodo e dor – latentes no procedimento indicado ou sugerido, restando claro que a dimensão formal que molda uma assinatura aposta sobre um termo mal elaborado ou que foi submetido à *apreciação dos pacientes* momentos antes da realização de atos médicos, obviamente, por si só, não comprova que o consentimento foi externado de modo livre e esclarecido.

Longe disso, o referido aceite sequer deve ser lido como um indício de consentimento vinculante quando, na fenomenologia das relações humanas, possam ser pinçados dados que indiquem quadros de fragilidade, fatos que podem ser identificados (a) em tentativas sucessivas e frustradas de engravidar, (b) na ruptura conjugal recente e (ou) traumática ou (c) em situações de luto na família.

Ocorre que, quando se tem em mente a colonização de mais essa dimensão da vida pelo Mercado é possível imaginar – sem qualquer esforço ficcional – que o anseio por lucro ou, simplesmente, que a necessidade de manter o negócio em movimento em algum momento difícil da vida, são vetores que hão de frear a difusão de informações que, no limite, seriam capazes de desestimular os contratantes a levarem seu projeto adiante frente aos dos riscos ou do custo total do tratamento *versus* a sua probabilidade efetiva de êxito, em concreto.

5
BREVÍSSIMAS NOTAS SOBRE UM PROJETO QUE NÃO DEVE SER TRANSFORMADO EM LEI

Esta é, sem dúvida, a menor parte deste trabalho. Ela busca mostrar, objetivamente, os problemas contidos no PL n. 1.184/2003. Se aprovado, ele poderá introduzir uma série de mudanças na regulação da reprodução assistida. O texto aprovado no Senado só a autoriza "quando se verifique infertilidade ou para a prevenção de doenças genéticas ligadas ao sexo". A técnica é vista como forma de lidar com patologias, podendo ser utilizada apenas por indicação médica[1].

Como se nota, o projeto pertence a um tempo que não mais existe[2].

Em poucas palavras: o distanciamento entre proposta legislativa das conquistas vivificadas no campo dos direitos sexuais e reprodutivos garantidos constitucionalmente no Brasil só pode ser medido com recurso a padrões astronômicos. A desconformidade entre a proposta – obviamente, se transformada em lei – e o Direito que existe hoje no Brasil é patente.

Algumas notas comprovarão a assertiva.

Consoante o referido projeto, a doação de gametas será permitida desde que não seja prevista remuneração para o doador. A regra coaduna com aquela que parece ser a melhor leitura do nosso direito privado. Os embriões que podem ser transferidos limitam-se a dois,

---

1. CARLOS, Paula Pinhal de; SCHIOCCHET, Taysa. Novas tecnologias reprodutivas e direito: mulheres brasileiras entre benefícios e vulnerabilidades. *Novos Estudos Jurídicos*, Itajaí, v. 11, p. 249-263, 2006. p. 258.
2. BERGALLO, Paola. De la libertad reproductiva a la justicia reproductiva: perspectivas feministas sobre derechos y reproducción. In BERGALLO, Paola (Comp.). *Justicia, género y reproducción*. Buenos Aires: Libraria, 2010.

número inferior à atual regulação do Conselho Federal de Medicina consoante anteriormente estudado. Aqui a medicina é quem deveria dar a última resposta, não o Direito.

O texto aprovado no Senado determina, ainda, que a criança nascida de reprodução humana assistida terá sua parentalidade, exclusivamente, atribuída aos beneficiados pelo tratamento, vedando quaisquer vínculos jurídicos com os doadores dos gametas. Isso revela imensa carga de preconceito no que toca às possibilidades contidas na multiparentalidade[3] ou mesmo na seara da *novidadeira* coparentalidade.

Outro ponto que chama bastante atenção diz respeito à proibição da gestação por substituição. A análise da justificativa e do histórico do projeto de lei ajudam a elucidar por que tal decisão foi tomada.

Em sua justificativa, o Senador Lúcio Alcântara externa, diversas vezes, em tom preconceituoso e sem qualquer embasamento científico, a sua preocupação com os "sérios riscos" que as "crianças resultadas de técnicas de reprodução humana" sofrem ao serem criadas em um ambiente de "maternidade dividida" ou "com genitores do mesmo sexo"[4]. Saliente-se que a redação original proposta no Senado trazia uma única exceção que permitia o recurso à gestação substituta: problema de saúde e (ou) contraindicação para a gestação.

Como antecipado, o texto final, aprovado no Senado e enviado para Câmara dos Deputados, proíbe-a, imputando penas criminais para todos os envolvidos no processo, incluindo beneficiários, in-

---

3. CATALAN, Marcos. La multiparentalidad bajo el lente de los tribunales brasileños: hoy, tal vez, la elección de Sofía habría sido otra. *Revista de Derecho Universidad de Concepción*, Concepción, v. 83, p. 207-226, 2015.

4. […] "a consequência normal do emprego dessa tecnologia é o surgimento de situações anômalas que, até então, ou não poderiam ocorrer, ou, quando ocorriam, eram consideradas infortúnios para os envolvidos. Referimo-nos aqui às situações de "criança sem pai" (em alguns casos mais raros, "criança sem mãe", "criança com duas mães" e "criança com dois pais". […] "Quem quer que se proponha a uma análise como essa, constata facilmente que a técnica de maternidade dividida e o modelo do genitor de um único sexo acarretam riscos sérios o bastante para invalidar essas modalidades perante uma análise de impacto ambiental".

termediários e executores da intervenção médica[5]. Outro retrocesso, outra inconstitucionalidade latente.

Importante ressaltar, por derradeiro, que eventual regulamentação restritiva potencializará a clandestinidade e a insegurança, além de fomentar o turismo reprodutivo[6] e práticas caseiras raramente assepticamente experimentadas. Ao estabelecer que a reprodução assistida só poderá ser utilizada como forma de superar patologias e proibir a gestação por substituição, a proposta impede o acesso a tais técnicas médicas às pessoas solteiras e casais gays e transexuais.

Também nesse contexto, o PL n. 1.184/2003 é marcado pelo anacronismo – foi proposto no Senado em 1999 – e preconceito, representando inconteste retrocesso frente à inovação tecnológica das ciências médicas e às possibilidades parentais associadas à contemporaneidade.

---

5. Art. 19 do PL n. 1.184/2003. Constituem crimes: III – participar do procedimento de gestação por substituição, na condição de beneficiário, intermediário ou executor da técnica: Pena – reclusão, de 1 (um) a 3 (três) anos, e multa.
6. CERUTTI, Eliza. *Gestação por substituição*: desafios contemporâneos do direito internacional privado e a imputação dos laços parentais. 2015. 74 f. Monografia (Especialização Novo Direito Internacional) – Universidade Federal do Rio Grande do Sul, Porto Alegre. p. 61-62.

6
OBJETIFICAÇÃO DO HUMANO E VIRTUALIZAÇÃO DAS RELAÇÕES SOCIAIS: INTERSECÇÕES COM A REPRODUÇÃO HUMANA ASSISTIDA

O sistema econômico capitalista foi estruturado no consumo. Para sobreviver, ele necessita que as mercadorias que produz e os serviços que oferece não fiquem estagnados nas prateleiras, clínicas e consultórios, reais e (ou) virtuais, espalhados pelas Mecas contemporâneas, o que pressupõe, evidentemente, o constante estímulo a formas de consumo tão pantagruélicas, quanto efêmeras: adquiram, usem e descartem bens e serviços.

Incorporado a esse processo, o corpo humano também foi transformado em mercadoria a ser consumida[1]. Aliás, se o uso dos corpos não ecoa aqui como novidade – eis a prostituição, a escravidão e tantas outras formas de servidão narradas ao longo da biografia da humanidade –, a venda e a cessão de partes do corpo tão intimamente atadas à reprodução humana assistida só pôde vir a ser realizada por conta do avanço científico e tecnológico havido nas últimas décadas[2].

---

1. VAZ, Paulo. Consumo e risco: mídia e experiência do corpo na atualidade. *Comunicação, Mídia e Consumo,* São Paulo, v. 3, n. 6, p. 37-61, mar. 2006. p. 42.
2. BERLINGUER, Giovanni; GARRAFA, Volnei. *O mercado humano:* estudo bioético da compra e venda de partes do corpo. Trad. Isabel Regina Augusto. 2 ed. Brasília: UnB, 2001. p. 57-67. Os autores identificam quatro formas de mercados de corpos humanos. A primeira é a escravidão, que pressupunha a propriedade do corpo inteiro e de seus descendentes; a segunda é a servidão, que vinculava os trabalhadores e seus familiares aos senhores que detinham a propriedade da terra; a terceira é a adoção paga de crianças, consistindo na "transferência legal ou ilegal de crianças, recém-nascidas ou por nascer, de pais naturais para adotivos mediante pagamento aos familiares e, por vezes, a intermediários"; a quarta é a venda do uso do corpo, que se refere a "troca de funções corpóreas por moeda, baseada na igualdade jurídica entre os contraentes e no direito à revogação". Neste último, inclui-se a venda do trabalho, a prostituição e a gestação por substituição, ligada às funções reprodutivas.

No Brasil, a venda de embriões e mesmo de gametas não é permitida, tampouco a cessão onerosa de úteros. São partes do corpo humano e como tal não podem ser objeto de contratos. Essa parece ser a melhor leitura do Direito pátrio. A repersonalização difundida pela Constituição, a proteção destinada aos direitos de personalidade que pode ser percebida tanto naquela como na codificação civil vigente e, ainda, o comando normativo pinçado da lei de biossegurança são lastros legais mais que suficientes para reafirmá-lo. Ademais, é instintiva a repugnância social provocada por relatos acerca da compra e venda de partes do corpo, em especial, quando o observador traz consigo a esperança de que ninguém possa ser estimulado a vender seu corpo ou parte dele para poder sobreviver[3].

Paradoxalmente, tal apelo ético parece não fazer sentido algum para o Mercado[4].

É inconteste que o avanço da biotecnologia despertou o seu interesse, em especial, por conta dos sonhos que involucra, sonhos que vão da aplicação de fármacos tonificantes ou da realização de cirurgias plásticas rejuvenescedoras até a gestação de filhos que talvez – e, apenas talvez – tragam alguma esperança a vidas que parecem despidas de sentido. A "demanda inelástica" fundida a tais nichos negociais – além dos elevados lucros expectados[5] – parece impulsionar a colonização pelo Mercado de um espaço social que até recentemente era deveras privado.

Observe-se que, com exceção da hipótese na qual se usa somente o material genético dos titulares do projeto parental, a comercialização de gametas e o pagamento pelo uso do útero alheio é algo *inevitável* ante a impossibilidade de dissociação da técnica médica necessária

---

3. BORGES, Roxana Cardoso Brasileiro. Direitos da personalidade e dignidade: da responsabilidade civil para a responsabilidade constitucional. In DELGADO, Mário Luiz; ALVES, Jones Figueiredo (Coord.). *Questões controvertidas:* responsabilidade civil. São Paulo: Método, 2006, v. 5.

4. SEN, Amartya. Comportamento econômico e sentimentos morais. *Lua Nova,* São Paulo, n. 25, p. 104-130, abr. 1992. p. 104.

5. SPAR, Debora; HARRINGTON, Anna M. Building a Better Baby Business. *Minnesota Journal of Law Science and Technology,* Minesotta, v. 10, n. 1, 41-49, 2009. p. 44. O mercado da reprodução humana assistida possui o que os economistas chamam de "demanda inelástica": como se trata de um bem ou serviço de difícil quantificação, os consumidores estão dispostos a pagar qualquer valor pelo tratamento médico, o que faz com que os preços sejam sempre empurrados para cima.

6 • OBJETIFICAÇÃO DO HUMANO E VIRTUALIZAÇÃO DAS RELAÇÕES SOCIAIS

à fertilização e (ou) gestação e o acesso aos recursos técnicos e ao material biológico necessário a sua realização[6]; legalmente, ou não.

E mesmo quando as partes humanas utilizadas – gametas, embriões, o útero alheio – sejam obtidas sob a rubrica da gratuidade, ao buscar o lucro, médicos e clínicas de reprodução humana assistida acabam submetendo, inexoravelmente, as relações humanas à lógica do capital, tratando-as, portanto, como objetos, como mercadoria.

Curiosamente, o tantas vezes propalado *desejo de ter filhos*, nesse contexto, possui inequívoco caráter mercantilista. O verbo *ter*, geralmente está relacionado à posse de objetos, indicando potencial objetificação da criança esperada, do ser que talvez venha ao mundo, algo bastante similar à aquisição de itens de consumo[7]. Reforça-o o fato de que "*en dichas clínicas la publicidad suele mostrar padres felices con su bebé y a madres gestantes también felices, porque para todos ha habido un beneficio o una satisfacción de alguna necesidad*"[8].

Como antecipado por Huxley[9], técnicas conceptivas são, ao menos em alguma medida, como fábricas produzindo bebês, são centros que operam consoante a lógica do Capital[10] quando, por tratarem de situações tantas vezes tão sensíveis, deveriam se deixar conduzir pelo ritmo de mantras mais humanistas.

Fato é que, ao operar seguindo as regras que ele mesmo criou, o Mercado recorre à publicidade para, paradoxalmente, se eximir de qualquer responsabilidade sobre a conduta de consumidores *incapazes de consumir contra a sua vontade*[11] e, enquanto isso, espectros gestados no conhecido romance havido entre a racionalidade

---

6. SPAR, Debora; HARRINGTON, Anna M. Building a Better Baby Business. *Minnesota Journal of Law Science and Technology,* Minesotta, v. 10, n. 1, 41-49, 2009. p. 48.
7. CORREA, Marilena. Medicina reprodutiva e desejo de filhos. In GROSSI, Miriam; PORTO, Rozeli; TAMANINI, Marlene (Org.). *Novas tecnologias reprodutivas conceptivas:* questões e desafios. Brasília: Letras Livres, 2003. p. 32.
8. MONZÓN, José María. ¿Úteros para alquilar o la violación tecnológica de la mujer? *Revista Eletrônica Direito e Sociedade,* Canoas, v. 07, n. 01, p. 219-234, abr. 2019. p. 220.
9. HUXLEY, Aldous. *Admirável mundo novo.* Trad. Lino Vallandro; Vidal Serrano. Rio de Janeiro: Globo, 2009.
10. DINIZ, Debora. O impacto das tecnologias conceptivas nas relações parentais. *Série Anis,* Brasília, v. 24, p. 01-05, abr. 2001. p. 02.
11. KUHN, Martin. Publicidade e poder na sociedade do consumo: compromisso ou indiferença? *Acta Científica – Ciências Humanas,* v. 1, n. 18, p. 87-98, 2010. p. 88.

econômica burguesa e o individualismo liberal moderno insistem em transitar pelo senso comum difundindo que a liberdade de contratar é garantida a todos que sejam capazes de exteriorizar a sua vontade.

Tal vontade, contudo, em um sem número de situações, na realidade não passa de um bem articulado simulacro, pois, obtida a partir de sofisticadas técnicas de sedução. E assim, enquanto se anuncia nunca ter havido tamanha liberdade, as pessoas nunca estiveram tão presas aos desígnios do capital[12], como se pode intuir, de forma bastante contundente, na atenta observação da imagem adiante reproduzida.

Figura 01

Capturado em http://www.conceptionbr.com/ no segundo semestre de 2016.

E o que dizer da fertilização *post mortem* que se utiliza de gametas e (ou) embriões congelados enquanto retrato inequívoco do "tempo espetacular" de Debord[13] e da objetificação, sem limites, da humanidade?

Além disso, tendo em mente dilemas que remetem ao labor de *Chronos*, outro fato curioso a ser destacado consiste na cada vez mais comum gestação levada à cabo por sexagenárias e septuagenárias que recorrem a óvulos de mulheres bem mais jovens para a realização de *projetos parentais*. Tal prática e, sem dúvida, os inegáveis riscos à saúde e à própria vida – da gestante e do feto – a ela imantados, tem despertado um sem número de questões como as que levam a refletir

---

12. BAUDRILLARD, Jean. *Simulacro e simulações*. Trad. Maria João da Costa Pereira. Lisboa: Relógio D´Água, 1991. p. 113.
13. DEBORD, Guy. *A sociedade do espetáculo*. Trad. Estela dos Santos Abreu. Rio de Janeiro: Contraponto, 1997.

6 • OBJETIFICAÇÃO DO HUMANO E VIRTUALIZAÇÃO DAS RELAÇÕES SOCIAIS | **67**

se tais gestações são marcadas pelo (a) altruísmo – a gestação pode ter sido realizada no interesse de outrem, como uma filha ou neta que não possa gestar –, pelo (b) desejo mais sincero de experimentação da maternidade, pela (c) necessidade narcísica de obter alguma notoriedade, ainda que, deveras passageira, ou enfim, pelo (d) desejo, igualmente infantil, de ter o nome grafado no *Guiness Book*.

Aliás, assusta a quase incomensurável quantidade de relatos de mulheres *qualificadas* em *sites* de notícias como sendo a "mãe mais idosa do mundo" por ter dado à luz aos 70 anos. As indianas Daljinder Kaur[14], Omkari Panwar[15] e Rajo Devi[16] aparecem como as mais citadas e só não perderão o posto para candidata latina – a mexicana María de la Luz Rodríguez – porque a gravidez da mulher de 71 anos[17], foi recentemente desmentida[18].

O que tais relatos também revelam, escancaradamente, é que graças aos avanços da medicina reprodutiva, o Mercado tornou-se capaz de manipular artificialmente o tempo biológico e, com isso, de iludir, de ludibriar o ciclo da vida, vencendo a morte – ao menos, em alguns anos ou algumas décadas – e a outras tantas limitações impostas, ao longo de milênios, pelo tempo cronológico.

Ao lado das muitas conquistas retratadas ao largo dessa pesquisa no campo da biotecnologia, outro vetor se destaca enquanto propulsor do consumo: a "virtualização" provocada pelo advento da *Internet*, base tecnológica e organizativa da sociedade contemporânea.

---

14. G1. *Indiana dá à luz aos setenta anos e diz não ser velha para ser mãe*. Disponível em: http://g1.globo.com/bemestar/noticia/2016/05/indiana-da-luz-aos-70-anos-e-diz-nao-ser-velha-para-ser-mae.html. Acesso em: 02 ago.2016.
15. Top 10. *Top 10 mulheres mais velhas a dar à luz na história*. Disponível em: https://top10mais.org/top-10-mulheres-mais-velhas-dar-luz-na-historia/. Acesso em: 12 set.2018.
16. Hypescience. *A mãe mais velha do mundo está morrendo de causas naturais!* Disponível em: https://hypescience.com/a-mae-mais-velha-do-mundo-esta-morrendo-de-causas-naturais/. Acesso em: 12 set.2018.
17. Vírgula. *Mulher grávida de 71 anos pode se tornar a mãe mais velha do mundo*. Disponível em: http://www.virgula.com.br/inacreditavel/mulher-gravida-de-71-anos-pode-se-tornar-a-mae-mais-velha-do-mundo/. Acesso em: 12 set.2018.
18. Noticias YA. *Desmienten embarazo de mujer de 70 años*. Disponível em: https://noticiasya.com/2018/05/23/desmienten-embarazo-de-mujer-de-70-anos/. Acesso em: 04 mar.2019.

A *Internet* converteu-se em um poderoso mecanismo de difusão de informação. Ao mesmo tempo, ela é usada como uma ferramenta com incrível poder de sedução, instrumento e ambiente extremamente favorável à gênese de conexões tão flexíveis quanto adaptáveis e que há muito ultrapassou as fronteiras tradicionalmente delineadoras do espaço e do tempo[19].

Ademais e sem que possa ser dissociada do universo em que gravita o consumo – o que ocorre não apenas por conta do crescimento do comércio eletrônico –, a *Internet* promoveu verdadeira revolução o que ocorreu – e segue a ocorrer – não apenas por causa da criação da emergente indústria informática, mas, especialmente, por conta da transformação do Mercado que amplamente a utiliza[20] a ponto de permitir que ela seja socialmente percebida como o epicentro de incomensuráveis vidas vividas para o consumo[21].

Mais pontualmente, o aumento do número de acessos à rede mundial de computadores, a rápida adequação de diversas atividades econômicas que transitam por ela, a sublimação e a digitalização do dinheiro, a expansão desenfreada do crédito – e mesmo o surgimento de moedas eletrônicas – são algumas das facetas mais perceptíveis do *e-commerce*. A reconfiguração das distâncias e a ausência do contato físico também não podem ser ignoradas em qualquer análise do tema.

Diante de tudo isso não é coincidência que Cláudia Lima Marques tenha identificado a emergência do comércio eletrônico com a "desumanização do contrato". Entorpecidos por um caleidoscópio de imagens – como a delicada fotografia reproduzida adiante – e guiados por ações automatizadas impulsionadas por *links* e conexões ambíguas, os consumidores consomem "em silêncio" as informações que o Mercado deseja lhes fornecer – geralmente reduzidas e sutilmente manipuladas –, minando a liberdade de escolha, a privacidade e a confiança de seres privados, até mesmo, da própria linguagem[22].

---

19. CASTELLS, Manuel. *La galaxia Internet*. Barcelona: Areté, 2001. p. 15-16.
20. CASTELLS, Manuel. *La galaxia Internet*. Barcelona: Areté, 2001. p. 19.
21. LEVY, Pierre. *Filosofia world*: o mercado, o ciberespaço, a consciência. Lisboa: Instituto Piaget, 2001. p. 55.
22. MARQUES, Cláudia Lima. *Confiança no comércio eletrônico e a proteção do consumidor*. São Paulo: RT, 2004.

Figura 02

Capturado em http://nilofrantz.com.br/tratamentos/ no segundo semestre de 2016.

No que toca mais de perto a esta investigação científica, pesquisas empíricas conduzidas no exterior apontam o uso maciço da *Internet* por possíveis pacientes de técnicas de reprodução humana assistida. A rede é vasculhada à procura de informações sobre causas de infertilidade, opções de tratamento, custos envolvidos e clínicas de fertilização[23]. A dispersão e ausência de autoria de muitas informações dificulta o mapeamento de pontos de referência confiáveis e, ainda assim, por mais que impregnados por tais riscos, *sites* da *Internet* acabam ganhando a preferência pela quantidade de diferentes informações oferecidas simultaneamente e, ainda, por conta da possibilidade de serem revisitados a qualquer momento.

Ademais, ao acessar um *site* em busca de informações acerca da reprodução assistida, o consumidor não imagina que irá submeter-se à espetacularização da vida, que será bombardeado por estímulos que buscam despertar suas emoções, que receberá informações científicas duvidosas ou simplificadas a ponto de distorcerem a realidade. E se uma matéria de jornal ou revista versando sobre reprodução humana assistida será publicada de maneira esparsa e sem o escrutínio simultâneo de outro veículo concorrente; se reportagens de rádio ou televisão, não são facilmente revisitadas, os *sites* mantidos pelas clínicas e por médicos especializados podem fornecer ao paciente-consumidor *segurança* ainda maior, pois, normalmente, permitem identificar a organização considerada responsável pela informação a ser consumida.

E não é só isso.

---

23. WEISSMAN, Ariel et al. Use of the Internet by infertile couples. *Fertility and Sterility*, New York, v. 73, n. 6, p. 1.179-1.182, jun. 2000. p. 1179.

70 A REPRODUÇÃO HUMANA ASSISTIDA NA SOCIEDADE DE CONSUMO

Os avanços tecnológicos da *Internet* e da reprodução humana assistida talvez tenham trazido a humanidade à *Era da Ciberprocriação*. Por meio da rede é possível contratar uma clínica, escolher os doadores de gametas, monitorar o desenvolvimento da gravidez, assistir ao parto a distância, pagar tais serviços eletronicamente e receber seu bebê em casa[24]. Duas outras situações – infelizmente, não hipotéticas – talvez ilustrem melhor as reflexões aqui tecidas.

Apresenta-se aos leitores as "Trigêmeas de Curitiba" e o "Bebê Gammy".

O caso brasileiro ganhou destaque na mídia nacional em 2011. Um casal de classe média alta procurou uma clínica de fertilização. Queriam realizar o projeto parental. Quatro óvulos foram implantados, três fertilizaram. E apesar de o casal, na contratação do serviço, ter sido informado sobre a possibilidade de gestação múltipla, os pais decidiram ficar apenas com dois dos três bebês. Queriam apenas duas crianças. Liminarmente, o Judiciário impediu-os de levarem os bebês para casa, encaminhando as trigêmeas a um abrigo.

Meses mais tarde, tios maternos conseguiram a guarda provisória. A mídia relatou, ainda, que durante a gestação, o casal planejou a redução embrionária fora do país[25] e que foi a falta de recursos que teria impedido a realização desse desiderato. Optaram por entregar um dos bebês para a adoção logo após o nascimento. Aparentemente arrependidos, tentam obter permissão para visitar as trigêmeas e reaver sua guarda[26].

---

24. REICH, J. Brad; SWINK, Dawn. Outsourcing Human Reproduction: Embrios & Surrogate Services in The Cyberprocriation Area. *Journal of Health Care Law & Policy*, Maryland, v. 4, p. 241-297, 2011. p. 241.
25. FOLHA DE S. PAULO. *Lei tende a impedir que trigêmeas sejam separadas na adoção.* 2011. Disponível em: http://www1.folha.uol.com.br/cotidiano/900480-lei-tende-a--impedir-que-trigemeas-sejam-separadas-na-adocao.html. Acesso em: 01 ago. 2016. A redução embrionária é proibida pela resolução do Conselho Federal de Medicina e considerada como crime de aborto no Brasil. Em outros países, é permitida até determinado mês de gestação. No caso dos EUA, pode ser feita até a 16ª semana de gravidez. O procedimento é considerado de simples complexidade e consiste em aplicar, com a ajuda de uma agulha, uma solução de cloreto de potássio no coração do feto.
26. O GLOBO. *Pais das trigêmeas tentaram abortar e autorizaram doação.* 2011. Disponível em: http://oglobo.globo.com/brasil/pais-das-trigemeas-tentaram-abortar-autorizaram--doacao-2799143. Acesso em: 01 ago. 2016. O processo tramita em segredo de justiça.

6 • OBJETIFICAÇÃO DO HUMANO E VIRTUALIZAÇÃO DAS RELAÇÕES SOCIAIS   71

Três anos mais tarde, em 2014, o mundo conheceu o "Bebê Gammy". O casal australiano David e Wendy Farnell não podia ter filhos. Diante da proibição imposta pela *Western Australia*, onde vivem, da pactuação de contratos que tenham por objeto a gestação por substituição, buscaram na Tailândia esse serviço, com o auxílio de agência local[27]. Por meio dela, contrataram Pattharamon Janbua, de 21 anos, por cerca de R$ 30.000,00, para gestar o embrião havido da fusão dos espermatozoides de David e os óvulos de doadora anônima. Pattharamon, mãe de dois filhos, vivia em condição de extrema pobreza, vendo a oportunidade como uma excelente forma de melhorar a sua condição financeira. Nasceram gêmeos bivitelinos, nomeados, posteriormente, Nareubet – apelidado de Gammy – e Pipah. Não havia contato entre Pattharamon e os Farnell. Toda a comunicação foi realizada eletronicamente, a distância, entre a agência e os titulares do projeto parental. No quinto mês de gestação, foi descoberto que Gammy tinha síndrome de *down*.

O casal reagiu pressionando a agência para que realizasse o aborto que, ante o adiantado da gravidez, a recusa da mãe – de religião budista – e a proibição vigente no país asiático, não foi realizado. Após o nascimento dos bebês, os autores do projeto parental levaram para a Austrália apenas Pipah, abandonando Gammy, que, além da síndrome de *down*, apresentava grave problema cardíaco. Após seis meses sem contato com o casal australiano tampouco com a agência que intermediou a negociação, sem saber como enfrentar o problema, a tailandesa procurou a imprensa[28] e causou comoção internacional.

Em entrevista ao programa *Sixty Minutes Australia*[29], David negou ter abandonado Gammy, apesar de ter admitido que perdera totalmente o contato com a mãe substituta. Na ocasião, afirmou,

---

27. SBS. *New Thai surrogacy law bans foreigners*. Disponível em: http://www.sbs.com.au/news/article/2015/07/31/new-thai-surrogacy-law-bans-foreigners. Acesso em: 01 jul. 2016. Dois mil casais estrangeiros procuram, por ano, clínicas de reprodução humana assistida na Tailândia.
28. THE TELEGRAPH. *Legal situation of surrogacy explained*. 2014. Disponível em: http://www.telegraph.co.uk/news/worldnews/asia/thailand/11006524/Legal-situation-of-surrogacy-explained.html. Acesso em: 20 fev. 2015.
29. SIXTY MINUTES AUSTRALIA. *The Australian parents of baby Gammy speak on 60 minutes*. 2014. Disponível em: http://sixtyminutes.ninemsn.com.au/stories/8887943/the-australian-parents-of-baby-gammy-to-speak-on-60-minutes. Acesso em 20 fev. 2015.

72 A REPRODUÇÃO HUMANA ASSISTIDA NA SOCIEDADE DE CONSUMO

de maneira categórica, que buscaria nos tribunais reparar os danos provocados pela agência que intermediou o contrato, visto que seria sua a responsabilidade de verificar, por meio de exames, que um dos fetos tinha problemas de saúde, de modo a realizar o aborto em tempo hábil. Na época da entrevista, surgiram notícias de que David havia sido condenado pela prática de pedofilia nos anos 90, o que elevou a preocupação das autoridades australianas de proteção à infância[30].

Sob a ameaça de intervenção desses órgãos, o casal ingressou com ação judicial na Corte de Família do Estado de *Western Australia* para garantir a guarda de Pipah[31] e até o presente momento, as questões envolvendo Gammy permaneciam sem solução. A repercussão do caso Gammy levou a Tailândia, em 2015, a proibir a comercialização da gestação por substituição, estabelecendo uma série de restrições para a reprodução humana assistida[32].

O caso Gammy dá mostras de evidente espetacularização.

A escolha pela gestação por substituição na Tailândia foi estimulada pelo contato com um documentário assistido pelo casal, o que comprova a influência dos meios de comunicação em massa. O contrato foi firmado a distância e todas as comunicações foram realizadas por meio da *Internet* – não houve qualquer contato físico entre os envolvidos –, o que contribuiu para a alienação e "desumanização contratual"[33], como se vê no comportamento do casal

---

30. ABC NEWS. *Baby Gammy:* surrogacy row family cleared of abandoning child with Down syndrome in Thailand. Disponível em: http://www.abc.net.au/news/2016-04-14/baby-gammy-twin-must-remain-with-family-wa-court-rules/7326196. Acesso em: 01 jul. 2016.
31. FAMILY COURT OF WESTERN AUSTRALIA. *Farnell v. Chambua.* Disponível em: http://www.familycourt.wa.gov.au/_files/Publications/2016FCWA17anon.pdf. Acesso em: 01 jul. 2016.
32. SBS. *New Thai surrogacy law bans foreigners.* Disponível em: http://www.sbs.com.au/news/article/2015/07/31/new-thai-surrogacy-law-bans-foreigners. Acesso em: 01 jul. 2016. Em 2015 a Tailândia criou uma legislação proibindo a comercialização da maternidade por substituição, que somente poderá ser realizada a título gratuito e seguindo certas restrições. Também é proibida a venda de gametas. Exige-se que a mãe substituta possua pelo menos um filho anterior ao procedimento médico. Ademais, de acordo com o texto da lei, apenas casais heterossexuais casados há no mínimo três anos e de nacionalidade tailandesa podem recorrer à técnica, o que, por consequência, exclui a possibilidade de acesso a estrangeiros, pessoas solteiras ou casais homoafetivos. A pena para o descumprimento é de até 10 anos de prisão.
33. MARQUES, Cláudia Lima. *Confiança no comércio eletrônico e a proteção do consumidor.* São Paulo: RT, 2004.

Farnell que encarou a questão como mero desacordo comercial, esperando, aliás, a reparação dos "inconvenientes" causados pela agência que lhes apresentou um bebê – consoante sua percepção de consumidores – incontestavelmente viciado.

No mais, ambos os casos demonstram o quão longe pode chegar a objetificação das relações humanas – facilitada, certamente, pelo acesso à *Internet* – e, ainda, a miríade de possibilidades emolduradas pelo consumo de reprodução assistida. Os autores dos projetos parentais citados esperavam receber bebês nas quantidades preestabelecidas e, obviamente, *com as qualidades por eles imaginadas*. A contraprestação pecuniária garantiria – ao menos em suas percepções mais subjetivas – os mais belos sorrisos da *Fortuna*. Suas expectativas, contudo, como acima relatado, foram frustradas.

Tudo isso mostra como a lógica econômica influencia o comportamento humano. Ao reduzir as relações humanas a atos de consumo, leva autores de projetos parentais a agirem de acordo com a mesma racionalidade que informa a conduta de consumidores de quaisquer outros bens e, portanto, os conduz a desprezarem ou rejeitarem aquilo que não foi desejado – até mesmo seres humanos –, esquecendo-se, por completo, que o objeto, na reprodução humana assistida, jamais poderá ser aquele ser que veio ao mundo.

7
Oferta, publicidade e reprodução humana assistida no Brasil

A publicidade é significada ao longo deste trabalho como a forma de comunicação persuasiva que o Mercado produz e difunde, por meio da mídia, em busca de ampla audiência na tentativa de seduzir cada destinatário por ela tocado, levando-o a consumir. Há de ser percebida, ainda, como atividade que ao mesmo tempo em que deveria aclarar, advertir, esclarecer e informar aqueles que atinge – o Direito pátrio o impõe –, exalta semioticamente características a serem decodificadas pelos consumidores entremeio a ambiguidade que impregna os desejos e as necessidades humanas[1].

Qualquer produto ou serviço poderá ser objeto da publicidade: marcas, símbolos, imagens podem ser igualmente difundidos, dispostos em lugares estratégicos e aos olhos de públicos específicos (ou não)[2]. Tendo se afastado da significação dogmática da oferta, atualmente, a publicidade é bem mais que o espelho estendido de uma mercadoria[3], ela é algo a ser consumido por si só.

É discurso sobre o objeto e, ainda, o próprio objeto a ser consumido[4], um discurso que fantasia atrativos e virtudes nem sempre presentes buscando estimular o consumo de cada produto ou serviço, de cada experiência por ela difundida ou, simplesmente, que foi cuidadosamente moldado para promover o *branding*.

---

1. MORIARTY, Sandra; MITCHELL, Nancy; WELLS, William. *Advertising & IMC*: Principles & Practice. 9ª ed. New Jersey: Prentice Hall, 2012. p. 07.
2. SANTOS, Lionês Araújo dos; MEDEIROS, Juan Felipe Sanchez. A mercantilização do corpo: mídia e capitalismo como principais agentes da promoção do consumo e do mercado. *Espaço Plural*, n. 24, 2011. p. 109-110.
3. BAUDRILLARD, Jean. *Simulacro e simulações*. Trad. Maria João da Costa Pereira. Lisboa: Relógio D'Água, 1991. p. 120.
4. BAUDRILLARD, Jean. *O sistema dos objetos*. Trad. Zulmira Ribero Tavares. São Paulo: Perspectiva, 1973. p. 174.

Nessa esteira e sob os desígnios do capital, fornecedores aprimoram diuturnamente a sua habilidade para a identificação daquilo que inspira, assusta, acalma ou seduz os consumidores, o que alivia culpas, torna as pessoas mais confiantes, amadas, seguras, nostálgicas ou realizadas. O Mercado, armado dessas informações, busca em técnicas que permitem "camuflar a verdade, dominar mentes e convencer a comprar"[5] induzir, com voz maternal[6], pessoas que ele provavelmente conhece melhor que elas mesmas[7].

A publicidade mostra ao mundo que aquilo que oferece não é um objeto qualquer, mas *aquilo* que o consumidor precisa, algo deveras adaptado, moldado, feito sob medida para satisfazer as suas necessidades mais íntimas, criando com isso uma relação de proximidade que induz as pessoas a sentirem-se amadas pelo objeto do seu desejo[8].

Técnica deveras recorrente, o apelo publicitário é baseado em discursos eufóricos e hedonistas e que ganha vida por meio de práticas psicossociais e modos de ser alimentados por uma retórica estética que abusa de imagens vendendo estilos de vida e que tem o condão de legitimar, ao mesmo tempo e deveras sutilmente, a servidão dos consumidores[9].

As construções publicitárias se aproveitam das características da sociedade contemporânea – um mundo dominado pelos excessos e marcado pela superficialidade[10] – criando estímulos em favor do

---

5. LINDSTROM, Martin. *Brandwashed o lado oculto do marketing:* controlamos o que compramos ou são as empresas que escolhem por nós? Trad. Rosemarie Ziegelmaier. São Paulo: HSM, 2012. p. 23.

6. BAUDRILLARD, Jean. *A sociedade de consumo*. Trad. Artur Morão. Lisboa: Edições 70, 2011. p. 227-228.

7. SCHUCHOVSKI, Lays Novaes; PONCIO, Ana Gabriela Rangel; SANTOS, André Filipe Pereira Reid. O lugar da infância na sociedade do consumo: uma sociologia da relação entre publicidade e infância no Brasil. *Panóptica*, Vitória, v. 7, n. 1, p. 71-103, 2012. p. 81.

8. BAUDRILLARD, Jean. *O sistema dos objetos*. Trad. Zulmira Ribero Tavares. São Paulo: Perspectiva, 1973. p. 179-181.

9. TAVARES, Frederico; IRVING, Marta; VARGAS, Rosa. O "Ter Humano" e os "Kits de Subjetividade": Uma Perspectiva Psicossociológica do Consumo Através da Publicidade. *Conexões Psi*, Rio de Janeiro, v. 2, n. 1, p. 109-127, jan./jun. 2014. p. 118.

10. Evidentemente não se despreza a existência de *consumidores falhos* e, portanto, de um sem número de pessoas que por conta de sua extrema pobreza não são tocadas por essa reflexão. Vide: BAUMAN, Zygmunt. *Vida para consumo*: a transformação das pessoas em mercadoria. Rio de Janeiro: Zahar, 2008.

consumismo, preenchendo o mundo com promessas de felicidade: "as diversas peças publicitárias asseguram que nosso dever é ser feliz, e [que] a felicidade requer consumo"[11]. Dirigindo-se a cada um como se fosse um amigo, suscitando intimidades que não existem[12], aliando o "calor comunicativo" que conquista os receptores por meio de técnicas que apelam à surpresa, ao inesperado, à teatralidade hollywoodiana, a publicidade seduz ao questionar e muitas vezes driblar as leis do real e do racional, viabilizando experiências letárgicas ao mostrar que a vida tem como ser menos séria, que ela pode ser bem mais divertida[13].

A encenação da publicidade se aproxima da lógica das fábulas: ainda que não acreditem nelas, as pessoas são levadas pelo (en)canto das sereias. A ideia é gerar a identificação entre o objeto e o consumidor de tal forma que esse se perceba naquele[14]. Tal processo de alienação, sutil alienação, compensa a monotonia da vida por meio do recurso à fantasia.

E se a difusão de mensagens explícitas dá algum tempo para que os destinatários possam blindar-se, e assim, resistir ao seu poder de sedução e convencimento, por sabê-lo, esse nicho de mercado se aproveita para explorar a vulnerabilidade de seus destinatários[15]: em vez de filmes ou outros recursos sensoriais que talvez sejam lembrados por sua clareza e transparência, quando a fornece, fragmenta a informação juridicamente relevante ao mesmo tempo que enfatiza aspectos lúdicos, ficcionais e até mesmo incontestavelmente ilusórios.

---

11. SANTOS, Lionês Araújo dos; MEDEIROS, Juan Felipe Sanchez. A mercantilização do corpo: mídia e capitalismo como principais agentes da promoção do consumo e do mercado. *Espaço Plural*, n. 24, 2011. p. 109.
12. BAUDRILLARD, Jean. *A sociedade de consumo*. Trad. Artur Morão. Lisboa: Edições 70, 2011. p. 216.
13. LIPOVETSKY, Gilles. *O império do efêmero*: a moda e seu destino nas sociedades modernas. Trad. Maria Lúcia Machado. São Paulo: Companhia das Letras, 2009. p. 217-218.
14. MACCRACKEN, Grant. Cultura e consumo: uma explicação teórica da estrutura e do movimento do significado cultural dos bens de consumo. *Revista de Administração de Empresas*, São Paulo, v. 47, n. 1, p. 99-115, jan./mar. 2007. p. 104.
15. LINDSTROM, Martin. *A lógica do consumo*: verdades e mentiras sobre por que compramos. Trad. Marcello Lino. Rio de Janeiro: Nova Fronteira, 2009. p. 78-79.

78 A REPRODUÇÃO HUMANA ASSISTIDA NA SOCIEDADE DE CONSUMO

De outra banda, a desinformação – e, às vezes mesmo a mentira[16] – são estratégias amplamente utilizadas pelo Mercado[17]. A publicidade foca na *verossimilhança* de proposições muitas vezes falsas[18]. Os signos utilizados – texto, imagens e sons, aromas, cores e texturas – são facilmente manipulados por meio de diferentes operações, sendo deveras comum a presença de "supressões", "adições" e "deformações"[19].

A "supressão" é representada no ato de privar o interlocutor de informação importante, não permitindo que ele perceba essa ausência. As "adições" ocorrem de diferentes formas: quando se anuncia um objeto que não existe, quando se atribuiu propriedades especiais a ele ou, ainda, quando faz uso de depoimentos inexistentes por meio da contratação de atores que deverão atuar como consumidores. As "deformações", a seu turno, consistem na manipulação da percepção de informações verdadeiras, como o exagero nos benefícios do uso do produto ou a minimização dos riscos a ele fundidos.

Aliás, um dos grandes trunfos da publicidade contemporânea – o paradoxo é meramente aparente –, consiste no seu desaparecimento: ela dilui-se de tal modo nos meandros dos meios de comunicação. Raramente emergindo sem exalar notas que remetem à dissimulação, à clandestinidade ou à dimensão subliminar, a publicidade parece tentar despir-se, quase todo o tempo, da dimensão comunicativa impregnada às mensagens nas quais é emoldurada[20].

O mais assustador é que tudo ocorre em um contexto marcado pela inegável percepção social de que *"la información adecuada sobre los bienes y servicios es determinante de protección tanto de la seguridad como de los intereses económicos de los consumidores"*[21].

---

16. DURANDIN, Guy. *As mentiras na propaganda e na publicidade*. São Paulo: JSN, 1997. p. 25.
17. PORTER, Eduardo. *O preço de todas as coisas: por que pagamos o que pagamos*. Trad. Cássio de Arantes Leite. Rio de Janeiro: Objetiva, 2011. p. 35.
18. LIPOVETSKY, Gilles. *O império do efêmero*: a moda e seu destino nas sociedades modernas. Trad. Maria Lúcia Machado. São Paulo: Companhia das Letras, 2009. p. 216.
19. DURANDIN, Guy. *As mentiras na propaganda e na publicidade*. São Paulo: JSN, 1997. p. 81-83.
20. BAUDRILLARD, Jean. *Simulacro e simulações*. Trad. Maria João da Costa Pereira. Lisboa: Relógio D'Água, 1991. p. 116-117.
21. STIGLITZ, Gabriel. Los derechos de los consumidores en la Constitución nacional. In STIGLITZ, Gabriel; HERNÁNDEZ, Carlos. *Tratado de derecho del consumidor*. Buenos Aires: La Ley, 2015. p. 371.

7 • OFERTA, PUBLICIDADE E REPRODUÇÃO HUMANA ASSISTIDA NO BRASIL | 79

Esclareça-se que dissimulada será a publicidade travestida de matéria informativa "supostamente neutra", embora, encomendada por um *player* no Mercado. Clandestina ou *merchandising*[22] é a que foi fundida a situações que envolvem o consumo de determinado produto ou serviço na exposição da marca ou outros fatores que facilitem a identificação do bem a ser consumido[23]. Subliminar, enfim, consiste na publicidade que busca ocultar a própria mensagem, passando – obviamente, apenas enquanto publicidade – despercebida aos olhos do receptor[24].

Por tudo isso, é possível afirmar que as pessoas, sob a influência da publicidade, têm algo em comum com autômatos e seu agir mecânico influenciado pelo mantra a reverberar: consumam, consumam, consumam, fato percebido por Herbert Marcuse na metade do último século. O aparato capitalista é claramente totalitário por determinar "não apenas as oscilações, habilidades e atitudes socialmente necessárias, mas também as necessidades e aspirações individuais"[25].

Theodor Adorno e Max Horkheimer também salientam, em tom crítico e preocupado, a capacidade do capitalismo em manter os consumidores presos a seus corpos e almas a ponto de sucumbirem "sem resistência [a quase tudo] que lhes é oferecido"[26].

O momento vivido atualmente pela humanidade percebe, ainda, o crescente recurso à publicidade eletrônica difundida por meio

---

22. CARVALHO, Luis Gustavo Grandinetti Castanho de. O resgate da ética na publicidade. *Revista da EMERJ*, Rio de Janeiro, v. 1, n. 3, p. 127-147, 1998. p. 134.
23. PASQUALOTTO, Adalberto de Souza. *Os efeitos obrigacionais da publicidade no código de defesa do consumidor.* São Paulo: RT, 1997. p. 86-87.
24. DURANDIN, Guy. *As mentiras na propaganda e na publicidade.* São Paulo: JSN, 1997. p. 85-151. De acordo com o autor, "as primeiras dessas experiências remontam a 1957 e foi realizada nos Estados Unidos. Com a ajuda de um aparelho especial, projetavam-se na tela de um cinema de Nova Jersey, a cada cinco segundos e na velocidade de um terço do milésimo de segundo, as mensagens: 'Hungry? Eat Popcorn' [Com fome? Coma pipoca] e 'Drink Coca-Cola' [Beba Coca-Cola], durante a projeção de um filme comum. Mais de 45.000 pessoas assistiram às sessões, e nenhuma soube dessas mensagens. Mas as vendas de pipoca e Coca-Cola aumentaram respectivamente 57,7% e 81,1% durante as seis semanas das projeções".
25. MARCUSE, Herbert. *A ideologia da sociedade industrial.* Trad. Giasone Rebuá. 4ª ed. Zahar Editores, 1973. p. 18.
26. ADORNO, Theodor; HORKHEIMER, Max. *Dialetic of Enlightenment:* Philosophical Fragments. Stanford: Stanford University Press, 2002. p. 106.

80 A REPRODUÇÃO HUMANA ASSISTIDA NA SOCIEDADE DE CONSUMO

de um número incomensurável de *sites*, *pop ups* e (ou) aplicativos espalhados e (ou) acessíveis via *Internet*.

Uma vez mais lembrado, Herbert Marcuse segue sendo deveras importante para a escorreita compreensão da complexidade que envolve o assunto. Ele foi um dos pioneiros na percepção de que, por servir ao capital, a tecnologia não é neutra[27], o que permite entender, hoje, que a flexibilidade, característica chave da *Internet*[28], potencializa o polimorfismo afeto à publicidade ao permitir que ela se molde, ainda mais facilmente, às características do público-alvo.

Um processo que ganha contornos surreais quando saltam à tela mensagens publicitárias com ofertas apresentando precisamente o que o consumidor procura, graças à tecnologia *panóptica* que registra – nem sempre lastreada na legalidade e certamente ao arrepio de qualquer direito à privacidade – os acessos realizados pelo usuário do computador, do notebook, tablet ou telefone celular buscando traçar o perfil individualizado do usuário[29].

No que toca mais de perto esta investigação científica, Amazonas e Braga identificaram ampla utilização da publicidade no oferecimento de serviços de reprodução humana assistida com objetivo de fomentar a expansão do mercado consumidor. A reprodução assistida é apresentada no discurso publicitário como afeta à inevitável evolução da humanidade: o ápice da técnica médica, um novíssimo produto apto a ser consumido de forma segura e asséptica graças aos avanços da técnica[30].

E não bastasse o fato de que os consumidores nesse nicho de mercado possam estar insertos, muitas vezes, em contextos de hiper-

---

27. MARCUSE, Herbert. *A ideologia da sociedade industrial*. Trad. Giasone Rebuá. 4ª ed. Zahar Editores, 1973. p. 19.
28. CASTELLS, Manuel. *La galaxia Internet*. Barcelona: Areté, 2001. p. 16.
29. É o caso do *AdWords* da *Google*, que oferece às empresas o serviço de inserir uma mensagem publicitária sempre quando determinada palavra-chave é digitada em seus mecanismos de busca ou apresentá-la como uma sugestão em *displays* pré-definidos, baseando-se, neste caso, nas preferências do usuário registradas com base nos acessos anteriores. Por exemplo, se alguém possui interesse em pesca amadora e costuma acessar sites sobre este tema, quando este usuário entrar uma livraria virtual, uma série de livros sobre pesca serão oferecidos.
30. BRAGA, Maria das Graças Reis; AMAZONAS, Maria Cristina Lopes de Almeida. Família: maternidade e procriação assistida. *Psicologia em Estudo*, Maringá, v. 10, n. 1, p. 11-18, jan./abr. 2005. p. 14-17.

7 • OFERTA, PUBLICIDADE E REPRODUÇÃO HUMANA ASSISTIDA NO BRASIL

vulnerabilidade[31], é comum a elaboração de matérias com natureza jornalística com entrevistas com especialistas da área médica que se propõem a informar o leitor de forma *isenta* sobre o que existe de mais atual na reprodução humana assistida. Tais abordagens, mesmo que eminentemente técnicas, são inegável manifestação de "publicidade dissimulada" visando a promover a venda do serviço[32].

A *law in books* tem dado lastro para combater alguns dos problemas denunciados.

O capítulo sobre a Comunicação Social na Constituição prevê que caberá à lei federal[33] estabelecer meios que garantam à pessoa e à família formas de proteção contra a publicidade de produtos, práticas e serviços nocivos à saúde e ao meio ambiente[34]. Ainda na Carta Magna há referência expressa à necessidade de restrição da publicidade de certos bens e serviços de consumo e dentre os quais podem ser listados medicamentos e técnicas médicas, tabaco, bebidas alcoólicas e agrotóxicos[35].

O Código de Defesa do Consumidor, igualmente, se propõe a regular os efeitos da publicidade por meio da imposição de deveres a serem fielmente observados pelo Mercado. Como antecipado, a publicidade e oferta não podem ser tratadas como sinônimos, embora ambas devam revestir-se da mais lídima transparência e, ainda, vinculem o fornecedor às informações por ele divulgadas, de qualquer forma, nos termos dos artigos 30 e 31 da referida lei:

> Art. 30. Toda informação ou publicidade, suficientemente precisa, veiculada por qualquer forma ou meio de comunicação com relação a produtos e serviços oferecidos ou apresentados, obriga o fornecedor que a fizer veicular ou dela se utilizar e integra o contrato que vier a ser celebrado.
>
> Art. 31. A oferta e apresentação de produtos ou serviços devem assegurar informações corretas, claras, precisas, ostensivas e em língua portuguesa sobre

---

31. CATALAN, Marcos. Uma ligeira reflexão acerca da hipervulnerabilidade dos consumidores no Brasil. In: Ricardo Sebastián Danuzzo. (Org.). *Derecho de daños y contratos: desafíos frente a las problemáticas del siglo XXI.* Resistencia: Contexto, 2019.
32. CORREA, Marilena. As novas tecnologias reprodutivas: uma evolução a ser assimilada. *Physis: Revista Saúde Coletiva*, Rio de Janeiro, v. 7, n. 1, p. 69-98, 1997. p. 76.
33. Nos termos do artigo 22, XXIX da CF é estabelecido que compete à União legislar sobre publicidade.
34. Art. 220, § 3º, II, da CF.
35. Art. 220, § 4º, da CF.

suas características, qualidades, quantidade, composição, preço, garantia, prazos de validade e origem, entre outros dados, bem como sobre os riscos que apresentam à saúde e segurança dos consumidores.

Para ser considerada lícita a publicidade também não poderá transbordar os moldes dogmática e hermeneuticamente elaborados sob os influxos da boa-fé objetiva[36] e da transparência[37]. No que tange especificamente ao comércio eletrônico e à publicidade havida no universo da reprodução humana assistida é preciso ter cautela ainda maior, mormente ante a novidade dos temas e das incomensuráveis *liberdades* que se espraiam por espaços nos quais a "boa-fé, perante o contratante vulnerável, nem sempre prevalece"[38].

Normativamente projetado pela boa-fé o dever de informar[39] deverá ser colorido pela adequação e mais lídima clareza no que toca aos produtos e serviços que apresenta ao mundo fenomênico.

Dentre outros aspectos, no que toca ao objeto desta investigação científica, ele impõe que sejam destacados aspectos como:

(a) as técnicas à disposição dos consumidores, seus custos, vantagens e desvantagens comparativas, protocolos e procedimentos a serem observados, o que inclui prazos, rotinas e cronogramas detalhados, cuidados gerais e (ou) especiais a serem observados.

(b) os riscos aos quais os consumidores estarão expostos e a sua probabilidade de manifestação em concreto.

(c) estatísticas minudentes acerca do êxito que envolve a execução do dever de prestação contratualmente assumido com informações nas fases que antecedem a fertilização *intra* ou *extrauterina* e se estendem até o esperado, embora, não garantido, nascimento de mais um ser humano.

---

36. MARQUES, Cláudia Lima. *Contratos no Código de Defesa do Consumidor:* o novo regime das relações contratuais. 5ª ed. São Paulo: RT, 2005. p. 757-804.

37. CATALAN, Marcos. A hermenêutica contratual no Código de Defesa do Consumidor. *Revista de Direito do Consumidor*, São Paulo, v. 62, p. 139-161, 2007. LOBO, Paulo Luiz Netto. A informação como direito fundamental do consumidor. *Revista de Direito do Consumidor*, São Paulo, v. 37, p. 59-76, jan./mar. 2001. p. 59.

38. MARQUES, Cláudia Lima. *Confiança no comércio eletrônico e a proteção do consumidor.* São Paulo: RT, 2004. p. 43.

39. MIRAGEM, Bruno. *Curso de Direito do Consumidor.* 3. ed. São Paulo: RT, 2012. p. 167.

7 • OFERTA, PUBLICIDADE E REPRODUÇÃO HUMANA ASSISTIDA NO BRASIL   83

Em alguma medida, tais condutas podem ser derivadas d'outro princípio: a transparência. Remetendo à ideia de diafaneidade, translucidez, transparência "significa informação clara e correta sobre o produto a ser vendido, sobre o contrato a ser firmado, significa lealdade e respeito nas relações entre fornecedor e consumidor, mesmo na fase pré-contratual, isto é, na fase negocial dos contratos de consumo"[40].

Sem dúvida, adequação, suficiência e veracidade devem informar qualquer comunicação mercadológica. A primeira estabelece que os meios de informação empregados devem ser compatíveis com os produtos e (ou) os serviços ofertados e os destinatários – estruturalmente vulneráveis – aos quais se dirige, impondo o uso de signos "claros e precisos", de modo a conduzir, em concreto, à intelecção e compreensão mais ampla o possível da mensagem publicitária. A "suficiência" diz respeito à "completude e integralidade" da informação. Diz respeito ao meio termo entre a ausência de dados relevantes e o excesso de notas intoxicantes. Finalmente, a "veracidade" envolve a ideia de que as informações utilizadas devam ser verdadeiras[41].

Ademais, é preciso atentar para o fato de que no Brasil a publicidade "deve ser veiculada de tal forma que o consumidor, fácil e imediatamente, a identifique como tal", nos termos do artigo 36 do Código de Defesa do Consumidor. Daí a vedação expressa à publicidade dissimulada, clandestina ou subliminar"[42] outrora destacada. Por outro lado, como percebe o leitor, não existe no texto legal qualquer referência mais detalhada acerca de como os discursos publicitários devem ser formatados[43], o que ecoa como uma escolha deveras acertada no Estado Democrático de Direito.

E há ainda expressa vedação à publicidade enganosa e abusiva.

Enganosa é toda comunicação mercadológica que divulgue informação que não corresponde à característica do bem em torno

---

40. MARQUES, Cláudia Lima. *Contratos no Código de Defesa do Consumidor:* o novo regime das relações contratuais. 5ª ed. São Paulo: RT, 2005. p. 594.
41. LOBO, Paulo Luiz Netto. A informação como direito fundamental do consumidor. *Revista de Direito do Consumidor,* São Paulo, v. 37, p. 59-76, jan./mar. 2001. p. 66.
42. PASQUALOTTO, Adalberto de Souza. *Os efeitos obrigacionais da publicidade no código de defesa do consumidor.* São Paulo: RT, 1997. p. 83-87.
43. CARVALHO, Luis Gustavo Grandinetti Castanho de. O resgate da ética na publicidade. *Revista da EMERJ,* Rio de Janeiro, v. 1, n. 3, p. 127-147, 1998. p. 134.

84 | A REPRODUÇÃO HUMANA ASSISTIDA NA SOCIEDADE DE CONSUMO

do qual é elaborada[44], que é capaz de distorcer a "natureza, características, qualidade, quantidade, propriedades, origem, preço, ou quaisquer outros dados sobre produtos e serviços".

Abusiva, a seu turno, é a "publicidade antiética, que fere a vulnerabilidade do consumidor"[45], que "discrimina pessoas e grupos sociais" ou bens coletivos como o meio ambiente[46], a que explora a violência, o medo, a superstição; aproveita da inexperiência das crianças ou é capaz de induzir o consumidor a se comportar de forma prejudicial ou perigosa à sua saúde ou segurança.

O imbricamento da reflexão teórico-normativa desenvolvida até aqui com os dados capturados empiricamente – e que serão apresentados em breve – a partir do mapeamento detalhado dos *sites* de todas as clínicas de reprodução humana no Sul do Brasil dá claras provas de desrespeito ao Direito vigente.

A ausência de qualquer depoimento negativo acerca da reprodução humana assistida em contraposição aos sete relatos positivos desperta dúvida tanto acerca da legitimidade dos dados – e, talvez, até mesmo da veracidade dos depoimentos –, bem como permite questionar o possível ocultamento de relatos de pessoas descontentes.

A seu turno, a única alusão aos custos do procedimento claramente mostra que 22 em 23 *players* do Mercado desrespeitam o comando que pulsa do art. 31 do Código de Defesa do Consumidor, reflexão que toca, também, em proporção não muito distinta, os 4 *sites* em 23 que informam os riscos potencialmente atados aos tratamentos reprodutivos ou os 5 que aludem às taxas de sucesso obtidas pelas clínicas.

O gráfico adiante transcrito dá boas mostras acerca de condutas que parecem respeitar a codificação consumerista e que podem ser capturadas nos *sites* das clínicas de reprodução humana enquanto informações sobre os riscos à saúde ou à segurança dos consumidores e, ainda, do assustador percentual de estabelecimentos – dentre os

---

44. LOBO, Paulo Luiz Netto. A informação como direito fundamental do consumidor. *Revista de Direito do Consumidor*, São Paulo, v. 37, p. 59-76, jan./mar. 2001. p. 68.
45. MARQUES, Cláudia Lima. *Contratos no Código de Defesa do Consumidor: o novo regime das relações contratuais*. 5ª ed. São Paulo: RT, 2005. p. 808.
46. LOBO, Paulo Luiz Netto. A informação como direito fundamental do consumidor. *Revista de Direito do Consumidor*, São Paulo, v. 37, p. 59-76, jan./mar. 2001. p. 64-66.

eleitos como campo empírico que, ao menos aparentemente, não se comportam, no aspecto suscitado para reflexão, de acordo com o Direito brasileiro.

É preciso aclarar que apesar da aparente baixa efetividade da legislação vigente, os fornecedores que violem as disposições do Código de Defesa do Consumidor estão sujeitos a (a) sanções de natureza administrativa e dentre as quais estão multas, a suspensão temporária da atividade empresarial[47] e mesmo o dever de retratação[48], (b) pretensão reparatória às vítimas que pode eventualmente ser manejada coletivamente por quaisquer dos legitimados a fazê-lo ou, ainda, (c) sanção criminal[49].

É oportuno destacar, também, a existência de regras alocadas fora do estatuto consumerista. O obscuro Decreto-Lei n. 4.113/1942

---

47. De acordo com o artigo 18 do Decreto n. 2.187/97 que regulamenta o Código de Defesa do Consumidor, são consideradas como sanções administrativas: multa; apreensão do produto; inutilização do produto; cassação do registro do produto junto ao órgão competente; proibição de fabricação do produto; suspensão de fornecimento de produtos ou serviços; suspensão temporária de atividade; revogação de concessão ou permissão de uso; cassação de licença do estabelecimento ou de atividade; interdição, total ou parcial, de estabelecimento, de obra ou de atividade; intervenção administrativa; imposição de contrapropaganda [sic].
48. Sanção administrativa prevista quando fornecedor recorre à publicidade enganosa ou abusiva (art. 56, XII e art. 60 do CDC).
49. Os crimes de "fazer afirmação falsa ou enganosa, ou omitir informação relevante sobre a natureza, característica, qualidade, quantidade, segurança, desempenho, durabilidade, preço ou garantia de produtos ou serviços" (Art. 66); "fazer ou promover publicidade que sabe ou deveria saber que é enganosa" (Art. 67 do CDC); "fazer ou promover publicidade que sabe ou deveria saber ser capaz de induzir o consumidor a se comportar de forma prejudicial ou perigosa a sua saúde ou segurança" (Art. 68); "deixar de organizar dados fáticos, técnicos e científicos que dão base à publicidade" (Art. 69).

86 A REPRODUÇÃO HUMANA ASSISTIDA NA SOCIEDADE DE CONSUMO

regula a publicidade de médicos e outros profissionais da saúde.

Além das restrições sobre a divulgação de tratamentos ineficientes para a cura de algumas doenças, chama a atenção a proibição do uso sistemático de "agradecimentos manifestados por clientes e que atentem contra a ética médica".

A seu turno, a Lei Federal n. 9.294/1996 regula o artigo 220, § 4º, da CF. Tal disciplinamento legal, consoante antecipado, restringe a publicidade de medicamentos, terapias e tratamentos médicos. Na forma da referida lei, a publicidade da atividade médica deverá ser feita em publicações especializadas dirigidas especificamente a profissionais e instituições de saúde, exceto, nos casos de fármacos com *venda livre* e dentre os quais podem ser listados analgésicos, vitaminas e alguns estimulantes sexuais. Uma vez mais é possível pinçar do dado empírico recortado para reflexão e crítica sérios indícios de desrespeito ao Direito pátrio, eis que a publicidade que dá vida aos sites das clínicas de reprodução humana não parece ser dirigida à classe médica.

É importante referir – antes de encerrar as reflexões alinhavadas neste capítulo – a existência de iniciativa digna de nota: a do Conselho Federal de Medicina, órgão responsável por regular a conduta médica e que tem, dentre outras atribuições, o poder de lavrar Resoluções que disciplinam e orientam o anúncio dos serviços médicos[50].

O Código de Ética Médica atualmente em vigor – Resolução n. 1.931/2009 – impõe que a publicidade médica em qualquer meio de comunicação deve buscar apenas o "esclarecimento e educação da sociedade", proibindo a divulgação de assuntos médicos de forma "sensacionalista, promocional ou de conteúdo inverídico" e exigindo a inclusão do nome e do número de inscrição do médico em anúncios das atividades do estabelecimento de saúde.

Além das disposições gerais do código de ética, o Conselho Federal de Medicina possui normativa direcionada à publicidade de serviços médicos. A Resolução n. 1.974/2011[51] estabelece os

---

50. PINHEIRO, Antônio Gonçalves. *Pareceres e resoluções: publicidade e ética. Revista Bioética*, Brasília, v. 11, n. 2, p. 169-176, 2004. p. 169.
51. A primeira resolução a tratar sobre a publicidade dos serviços médicos foi a de número 417 de 1970, vindo a ser substituída pelas resoluções n. 1036 de 1980, n. 1701 de 2003 e n. 1974 de 2011.

7 • OFERTA, PUBLICIDADE E REPRODUÇÃO HUMANA ASSISTIDA NO BRASIL

critérios norteadores de publicidade na medicina, versando sobre anúncios, divulgação de assuntos médicos, sensacionalismo, autopromoção e proibições referentes à matéria[52]. Ela dispõe ser vedado ao médico: (a) anunciar aparelhagem de forma a lhe atribuir capacidade privilegiada, (b) permitir que seu nome seja incluído em propaganda enganosa de qualquer natureza, (c) permitir que seu nome circule em qualquer mídia, inclusive na *Internet*, em matérias desprovidas de rigor científico, (d) expor a figura de seu paciente como forma de divulgar a técnica, método ou resultado do tratamento, ainda que, com sua autorização expressa, (e) garantir, prometer ou insinuar bons resultados do tratamento. O médico deve, ainda, (f) evitar o "sensacionalismo", entendendo-se como a divulgação publicitária feita de maneira exagerada e fugindo de conceitos técnicos, (g) a adulteração de dados estatísticos visando a beneficiar-se, (h) usar de forma abusiva, enganosa ou sedutora representações visuais e informações que possam induzir a promessas de resultados. A (i) publicação de imagens e sons que caracterizem sensacionalismo e autopromoção em *sites* ou outras manifestações na mídia social também é expressamente proibida e sua violação pode resultar nas sanções previstas na Lei Federal n. 3.268/1957[53], obviamente, o que pressupõe um processo disciplinar a ser conduzido no Conselho Regional de Medicina do local do domicílio do médico.

---

52. De forma pioneira, o Conselho Regional de Medicina do Estado de São Paulo (CRE-MESP) editou norma sobre a utilização da *Internet* para informações, serviços ou produtos na área da saúde (Resolução n. 97/2001). A resolução apresenta um manual de ética para os *sites* de medicina e saúde na *Internet*, sendo orientada por sete princípios: transparência, honestidade, qualidade, consentimento livre e esclarecido, privacidade, ética médica, responsabilidade e procedência.

53. NIGRE, André. *O atuar médico*: direitos e obrigações. 3 ed. Rio de Janeiro: Rubio, 2008. p. 12.

8
A PUBLICIDADE, VIA *INTERNET*, DA REPRODUÇÃO HUMANA ASSISTIDA: UM ENSAIO EMPÍRICO

O empiricismo se baseia na capacidade dos observadores concordarem (ou não) a respeito da representação de suas experiências e (ou) percepções do mundo e, em tal contexto, explorações empíricas exigem a construção de moldes que permitam a quaisquer pesquisadores, sujeitos às mesmas condições, fazerem observações semelhantes às formuladas. O desafio é exponencialmente maior nas ciências sociais, pois, ao contrário das ciências duras, elas não lidam com experiências que possam ser reproduzidas em laboratório, mas com fenômenos sociais representativos de um dado histórico, particular e complexo e sempre exposto à subjetividade do pesquisador.

As referidas dificuldades impõem – quando se recorre ao empiricismo como técnica[1] – a elaboração de critérios tão objetivos quanto transparentes no balizamento da pesquisa.

Assim, e tendo em vista que este estudo explora a espetacularização da reprodução humana assistida, fenômeno que implica a utilização de imagens, encenações e símbolos em prol dos desígnios do *Capital*, buscou-se comprová-lo qualitativamente mediante a verificação detalhada do conteúdo de amostras[2] metodologicamente

---

1. HALAVAIS, Alexander. *Prefácio*. In RECUERO, Raquel; FRAGOSO, Suely; AMARAL ADRIANA. *Métodos de pesquisa para Internet*. Porto Alegre: Sulina, 2011. p. 12-13.
2. GOLDEMBERG, Miriam. *A Arte de pesquisar*: como fazer pesquisa qualitativa em ciências sociais. 8ª ed. Rio de Janeiro: Record, 2004. p. 14-54. Antigamente "as ciências se pautavam em um modelo quantitativo de pesquisa, em que a veracidade do estudo era verificada pela quantidade de entrevistados". Na pesquisa qualitativa, "a preocupação do pesquisador não é com a representatividade numérica do grupo pesquisado, mas com o aprofundamento da compreensão de um grupo social, de uma organização, de uma instituição, de uma trajetória, etc.".

buscadas em *sites* de clínicas de reprodução humana espalhadas por todo o Sul do Brasil.

A obra "Métodos de Pesquisa para Internet" deu a orientação necessária para evitar confusão e sincretismos metodológicos que poderiam derivar da sobreposição de leituras. O livro mostra haver três formas de enfrentar a *Internet* como objeto de estudo: como cultura, como artefato ou como mídia.

Observada através da primeira lente, a *Internet* revela-se enquanto espaço hermeticamente fechado e distinto do mundo *offline*, exibindo padrões sociais exclusivos das redes digitais[3].

A percepção da *Internet* como artefato cultural, por sua vez, permite estudar a sua inserção na vida cotidiana. Aqui, a *Internet* não é tratada como entidade à parte, constituindo-se a partir da interação entre o mundo *online* e *offline*. A ideia de artefato cultural "compreende que existem diferentes significados culturais em diferentes contextos de uso. O objeto *Internet* não é único, mas multifacetado e passível de apropriações". Os *websites*, portanto, são o seu campo de análise.

A terceira lente permite explorar a *Internet* como mídia, legitimando a análise da produção de conteúdo digital pelos próprios usuários. Aqui, os campos de análise são, por exemplo, as redes sociais[4].

Considerando-se que a publicidade no universo da reprodução humana assistida parece ser incomum nas salas de bate-papo eletrônicas e que a sua presença nas redes sociais parece ser ainda incipiente, optou-se por tratar a *Internet* como artefato cultural e concentrar a mineração do dado empírico por meio de amostras nos *websites*. A limitação do campo de análise às páginas da *Internet* – terreno amplamente utilizado pelas clínicas de reprodução assistida na publicização de suas atividades – também considerou o seu fácil

---

3. RECUERO, Raquel; FRAGOSO, Suely; AMARAL, Adriana. *Métodos de pesquisa para Internet*. Porto Alegre: Sulina, 2011. p. 46. Típico das primeiras pesquisas realizadas na *Internet* na década de 90, seu campo de análise são os textos produzidos nas salas de bate papo e outros ambientes rudimentares de interação que foram suplantados pela tecnologia e caíram em desuso.

4. RECUERO, Raquel; FRAGOSO, Suely; AMARAL, Adriana. *Métodos de pesquisa para Internet*. Porto Alegre: Sulina, 2011. p. 42; 46.

acesso por parte das clínicas e por seu público-alvo, bem como, o volume de amostras disponíveis para análise.

A uniformidade na disposição das informações da *Internet* – como se identifica facilmente abaixo –, por meio de textos e, especialmente, de imagens disponíveis não apenas aos consumidores mas a todos que tenham interesse no tema, também contribuiu para que não se realizasse uma pesquisa empírica mais tradicional, por exemplo, com o uso de questionários dirigidos às clínicas ou aos consumidores dos serviços médicos.

     Figura 03   **Figura 04**   **Figura 05**

Figura 03 – Capturado em http://nilofrantz.com.br/alteracoes-mais-frequentes/ no segundo semestre de 2016.
Figura 04 – Capturado em http://www.fertilitat.com.br/novidades/pagina/2 no segundo semestre de 2016.
Figura 05 – Capturado em http://www.clinicafertilizar.com.br/clinica-de-reproducao-humana no segundo semestre de 2016.

É preciso esclarecer, ainda, que a pesquisa em ciências sociais é realizada a partir da observação de "amostras", em especial, diante da dificuldade de captura de dados em campos de grande abrangência. Esta subdivisão da realidade, construída artificialmente pelo pesquisador, deve ser explicitada e realizada de maneira clara, constituindo o que é chamado de "amostra" ou "corpus da pesquisa"[5].

Daí que, como a *Internet* emerge como um campo difícil de recortar – por conta de sua (a) escala (milhões de *websites*), (b) heterogeneidade (diferentes fontes de informação) e (c) dinamismo (elementos passíveis de alteração contínua), impõe-se explicitar aqui de que maneira as amostras foram encontradas e selecionadas.

---

5. RECUERO, Raquel; FRAGOSO, Suely; AMARAL, Adriana. *Métodos de pesquisa para Internet*. Porto Alegre: Sulina, 2011. p. 55. Ao enfatizar essa ideia de construção da amostra (e da pesquisa), pretende-se alertar tanto para a artificialidade dos recortes inerentes à prática científica quanto para sua importância. Ter consciência desse processo é essencial para a realização de uma pesquisa coerente e bem articulada.

92 A REPRODUÇÃO HUMANA ASSISTIDA NA SOCIEDADE DE CONSUMO

Optou-se pela seleção das amostras de maneira intencional. Isso significa que os dados capturados foram "selecionados segundo critérios que derivam do problema de pesquisa, das características do universo observado e das condições e métodos de observação e análise"[6].

Foram mapeadas[7], inicialmente, as clínicas brasileiras registradas em listas mantidas por associações médicas. Foram identificadas 150 clínicas, delas, 111 com *site* em funcionamento. Como a amostra obtida revelou-se deveras volumosa, optou-se por limitar intencionalmente a análise dos *sites* de clínicas na região Sul, por ser a área que contém a maior quantidade de clínicas com *sites* pelo número de habitantes[8].

---

6. RECUERO, Raquel; FRAGOSO, Suely; AMARAL, Adriana. *Métodos de pesquisa para Internet*. Porto Alegre: Sulina, 2011. p. 78.

7. Utilizando-se o mecanismo de busca *Google* e as palavras-chave "associação", "sociedade" e "reprodução humana assistida", de maneira simultânea, encontraram-se os *sites* de duas organizações na área: a "Sociedade Brasileira de Reprodução Humana" (SBRH) e a "Sociedade Brasileira de Reprodução Assistida" (SBRA). A primeira organização não apresenta em seu *site* um rol com a relação de seus membros. Já o *site* do SBRA possui no *link* "clínicas cadastradas" (mais precisamente no subitem "relação de clínicas cadastradas") um rol de clínicas médicas que comercializam o serviço de reprodução humana assistida divididas por Estado, com o respectivo indicativo do endereço de suas páginas na *Internet*. Durante o acesso realizado na data de 08 de julho de 2016, o *site* da organização continha o total de 124 clínicas cadastradas, de um universo de 150 em funcionamento no Brasil. A composição da amostra comportou algumas exclusões preliminares. Para a pesquisa, foram excluídos os hospitais públicos, uma vez que não comercializam a técnica. Também se constatou que três clínicas apresentavam a informação de *site* em construção – Unifert Centro avançado de Reprodução Humana (ES); Instituto de Medicina Reprodutiva e Fetal (SP); Eva Medicina Reprodutiva (MA) –, uma estava com o *site* em manutenção – DNA Center Laboratório e Unidade Médica Integrada (RN) –, uma estava com as atividades suspensas para reestruturação da clínica – Biogenecs Biologia Molecular e Reprodução Humana (SP) – e oito não divulgam seus serviços em páginas da *Internet*, visto que a lista da SBRA encontrada não registra os endereços dos *sites* destas clínicas.

8. A Região Norte, com população de 15,8 milhões de habitantes, possui 5 clínicas cadastradas na SBRA e com *site* ativo, o que equivale a 1 clínica a cada 3,16 milhões de habitantes. Observa-se que não há clínicas nos Estados de Roraima (RR), Amapá (AP), Acre (AC) e Rondônia (RO). A Região Centro-Oeste, com 13,04 milhões de habitantes, possui 8 clínicas, correspondendo a 1 clínica para cada 1,63 milhão de habitantes. A Região Nordeste, com 53,59 milhões de habitantes, possui 15 clínicas, resultando em 1 clínica para cada 3,57 milhões de habitantes. A Região Sudeste, com 80,35 milhões de habitantes, possui 60 clínicas, equivalendo a 1 clínica a cada 1,33 milhão de habitantes. A Região Sul, com 27,38 milhões de habitantes, possui 23 clínicas, correspondendo a 1 clínica para cada 1,19 milhão de habitantes. Como pode ser observado, a Região Sul é a região que atualmente possui a maior concentração de clínicas (cadastradas na

8 • A PUBLICIDADE, VIA *INTERNET*, DA REPRODUÇÃO HUMANA ASSISTIDA

O fato de o oferecimento dos serviços de reprodução assistida ser uma prática aparentemente uniforme permitiu acreditar na inexistência de grandes discrepâncias em relação às demais regiões do Brasil e, consequentemente, a descartar a necessidade de estudo comparativo mais amplo.

Nesse contexto, restaram 23 *sites* para serem analisados, o que corresponde a 20,72% da amostra bruta (111), um valor considerável. A partir disso, com base nas informações da SBRA, foi elaborado um quadro composto por três colunas, a primeira relativa à unidade de federação na qual se encontra a clínica, a segunda com o nome fantasia da clínica e a terceira com endereço do *site*, conforme pode ser observado abaixo.

QUADRO 1 – CLÍNICAS CADASTRADAS NA SOCIEDADE BRASILEIRA DE REPRODUÇÃO ASSISTIDA COM *SITE*

UF	Nome	Site
PR	Androlab Reprodução Humana	www.androlab.com.br
PR	Centro de Fertilidade Saab	www.centrodefertilidade.com.br
PR	Centro de Reprodução Humana de Londrina	www.reproducaoassistida.com.br
PR	Centro Integrado da Mulher	www.cimreproducaohumana.com.br
PR	Clínica Plena	www.clinicaplena.com.br
PR	Conceber Centro de Medicina Reprodutiva	www.clinicaconceber.com.br
PR	Embryo Centro de Reprodução Humana	www.embryo.med.br
PR	Feliccità Instituto de Fertilidade	www.feliccita.com.br
PR	Fertclínica	www.fertclinica.com.br
PR	Fertway Reprodução Humana	www.fertway.com.br
PR	Ginoferty Clínica de Medicina reprodutiva	www.ginoferty.com.br
PR	Materbaby Reprodução Humana e Genética	www.materbaby.com.br
RS	Centro de Reprodução Humana Nilo Frantz	www.nilofrantz.com.br

---

SBRA e com *site* ativo) por habitantes. Os dados sobre as clínicas foram retirados do *site* da SBRA. SOCIEDADE BRASILEIRA DE REPRODUÇÃO ASSISTIDA. Estatuto da Sociedade Brasileira de Reprodução Assistida. Disponível em: http://sbra.com.br/images/stories/estatuto2010.pdf. Acesso em: 08 ago. 2016. Os dados populacionais foram extraídos do censo do IBGE. INSTITUTO BRASILEIRO DE GEOGRAFIA E ESTATÍSTICA. *Censo Demográfico 2010*: características gerais da população. Disponível em: http://biblioteca.ibge.gov.br/visualizacao/periodicos/94/cd_2010_religiao_deficiencia.pdf. Acesso em: 15 set. 2016.

UF	Nome	Site
RS	Clínica Segir	www.segir.com.br
RS	Conception Centro de Reprodução Humana	www.conceptionbr.com
RS	Fertilitat Centro de Medicina Reprodutiva	www.fertilitat.com.br
RS	Genesis Centro de Reprodução Humana	www.genesispf.com.br
SC	Centro de Fertilização Assistida Procriar	www.procriar.med.br
SC	Clínica Fecondare	www.fecondare.com.br
SC	Clínica Fertilizar Medicina Reprodutiva	www.clinicafertilizar.com.br
SC	Clínica Gaia	www.clinicagaia.com.br
SC	Clinifert Centro de Reprodução Humana	www.clinifert.com.br
SC	Satis Centro de Reprodução Humana de Joinville	www.clinicasatis.com.br

Fonte: autoria própria, 2016.

Entre os dias 26/08/2016 e 21/09/2016 foram acessados todos os 23 *sites* como forma de conceder integridade à investigação. Cada um dos itens dos *menus* dos *sites* foi visitado para coletar as informações de maneira exaustiva.

Durante os acessos, procurou-se a existência de elementos relacionados ao serviço de reprodução humana assistida e a espetacularização da vida, como imagens e símbolos usados para atrair o consumidor, o uso da linguagem para compelir a aquisição do serviço, a apresentação de informações e resultados técnicos, bem como manifestações que pudessem indicar um processo de "objetificação" da reprodução humana.

A análise limitou-se ao conteúdo das imagens e dos textos dispostos nestes *sites*, sendo excluídos vídeos e efeitos sonoros, devido à dificuldade de descrição e registro na pesquisa. Ao final, as informações foram catalogadas de acordo com critérios previamente escolhidos e dispostos seus resultados na forma de quadros.

Dois quadros foram elaborados.

O primeiro referente à análise de imagens.

QUADRO 2: ANÁLISE DE IMAGENS

Clínica pesquisada	Imagens de famílias felizes	Imagens de bebês brancos	Imagens de bebês gerados pela clínica	Imagens de famílias homoafetivas	Imagens de equipamentos
Androlab Reprodução Humana	x				x
Centro de Fertilidade Saab					x
Centro de Fertilização Assistida Procriar					x
Centro de Reprodução Humana de Londrina	x				x
Centro de Reprodução Humana Nilo Frantz	x	x			x
Centro Integrado da Mulher	x	x	x		x
Clínica Fecondare		x		x	x
Clínica Fertilizar Medicina Reprodutiva	x		x	x	x
Clínica Gaia	x	x			
Clínica Plena			x		
Clínica Segir	x	x			x
Clinifert Centro de Reprodução Humana	x	x	x		x
Conceber Centro de Medicina Reprodutiva	x	x			x
Conception Centro de Reprodução Humana	x	x			
Embryo Centro de Reprodução Humana		x			x
Feliccità Instituto de Fertilidade	x	x			
Fertclínica	x	x	x		
Fertilitat Centro de Medicina Reprodutiva	x	x	x		x
Fertway Reprodução Humana		x			x
Genesis Centro de Reprodução Humana			x		x
Ginoferty Clínica de Medicina reprodutiva	x	x			x
Materbaby Reprodução Humana e Genética	x	x	x		x
Satis Centro de Reprodução Humana de Joinville		x		x	

Fonte: autoria própria, 2016.

Organizadas as informações nos referidos quadros, partiu-se para a leitura pormenorizada e crítica dos dados mapeados. Nesse ponto, adotou-se como procedimento a análise "por intensidade" que "favorece os elementos em que as características que interessam à pesquisa estão presentes de forma intensa ou evidente"[9].

Concluídas as considerações a respeito do método e metodologia empregados nesta investigação científica, é tempo de meditar acerca dos elementos apresentados nos quadros outrora delineados. Em linhas gerais, observou-se que os *sites* de clínicas de reprodução humana assistida exploram, demasiadamente, o uso de imagens e frases com o objetivo claro de persuadir os clientes a consumirem a tão sonhada pretensa fórmula para a felicidade: "ter filhos".

No Quadro 2, o primeiro critério utilizado foi o da presença de imagens de famílias felizes. De todos os *sites* estudados, 56,5%, o correspondente a 13 clínicas, apresentam imagens de pessoas ou famílias felizes com seus bebês, imagens que carregam consigo a idealização de que o ser humano só será completo se tiver filhos. É possível verificar este ideal de felicidade vinculado à existência de filhos nas peças publicitárias abaixo reproduzidas.

Figura 06

Capturado em http://clinicagaia.com.br/ no segundo semestre de 2016.

---

9. RECUERO, Raquel; FRAGOSO, Suely; AMARAL, Adriana. *Métodos de pesquisa para Internet*. Porto Alegre: Sulina, 2011. p. 79.

Figura 07

Capturado em http://clinifert.com.br/web/ no segundo semestre de 2016.

Das imagens acima reproduzidas – e de tantas que foram visualizadas – pulsam feições cheias de ternura, sorrisos evidenciando momentos de indelével descontração, felicidade e leveza. Ao apresentarem pessoas alegres, famílias divertindo-se, as clínicas parecem querer induzir os receptores a imaginarem como seriam felizes com filhos.

Vale salientar, ademais, o imenso percentual de famílias com problemas de fertilidade e que consoante "dados da Organização Mundial da Saúde, estima-se que entre 60 e 80 milhões de pessoas em todo o mundo enfrentem dificuldades para levar a cabo seu projeto de paternidade e maternidade em algum momento de suas vidas e calcula-se que esse índice atinja aproximadamente 20% dos casais em idade reprodutiva"[10].

Aqui é preciso perceber com Baudrillard que os objetos não existem sozinhos. Os objetos devem estar em sintonia com o ambiente no qual estão inseridos e com a função que lhes cabe desempenhar[11] e, ainda, que esse "sistema de objetos" é elemento corriqueiro na prática publicitária[12]. Vende-se não apenas o objeto em si, mas aquilo que ele representa, a experiência que proporciona. A publicidade constrói uma "cena" que geralmente mostra a interação entre o indivíduo e

---

10. FARINATI, Débora Marcondes; RIGONI, Maisa dos Santos; MÜLLER, Marisa Campio. Infertilidade: um novo campo da Psicologia da saúde. *Estudos de Psicologia*, Campinas, v. 23, n. 4°, p. 433-439, out./dez. 2006. p. 435.
11. BAUDRILLARD, Jean. *O sistema dos objetos*. Trad. Zulmira Ribero Tavares. São Paulo: Perspectiva, 1973.
12. DRIGO, Maria Ogécia. A publicidade na perspectiva de Baudrillard. *Comunicação, Mídia e Consumo*, São Paulo, v. 5, n. 14, p. 171-185, nov. 2008. p. 176-177.

o objeto, dentro de um "ambiente" adequado a potencializar suas funções e qualidades.

Na hipótese, os bebês representados nas imagens são os "objetos" desta construção, os "produtos" ofertados, onerosamente, pelas clínicas. Em vez de registrá-las em um fundo neutro, paisagens agradáveis, dias ensolarados e sorrisos remetem à satisfação pessoal. Simples imagens são motivações eficientes para um comportamento hipnótico[13].

No mais, frases persuasivas costumam ser agregadas às imagens publicitárias, intensificando a presença da espetacularização. A figura 07 é bastante representativa: "Para ser feliz, não precisa muito ..."; postura que acaba por criar – e, talvez, sutilmente, impor – padrões de conduta que desprezam o direito que as pessoas possuem de não ter filhos sem serem estigmatizadas e (ou) sofrerem pressões que as levem à buscar tratamentos reprodutivos[14].

Por outro lado, o segundo critério do Quadro 2 mostrou que 78,2% das clínicas possui apenas fotos de bebês brancos. Chama a atenção o fato de que grande parte possui cabelos loiros e olhos azuis. Nenhuma das 23 clínicas verificadas apresentaram em suas peças publicitárias bebês de origem não caucasiana, como negros, indígenas ou asiáticos.

Figura 08   Figura 09

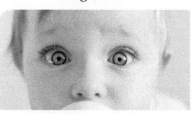 

Figura 08 – Capturado em http://www.conceptionbr.com/ no segundo semestre de 2016.
Figura 09 – Capturado em http://www.cimreproducaohumana.com.br/ no segundo semestre de 2016.

---

13. DEBORD, Guy. A sociedade do espetáculo. Trad. Estela dos Santos Abreu. Rio de Janeiro: Contraponto, 1997.
14. CORREA, Marilena. Medicina reprodutiva e desejo de filhos. In GROSSI, Miriam; PORTO, Rozeli; TAMANINI, Marlene. (Org.) Novas tecnologias reprodutivas conceptivas: questões e desafios. Brasília: Letras Livres, p. 31-38, 2003. p. 36.

Observa-se, assim, que processo de objetificação e espetacularização da reprodução humana assistida – fruto dos desígnios do capital – acaba por reproduzir ideias de beleza essencialmente elitistas. Uma vez que os serviços na seara da reprodução humana assistida possuem como público alvo as classes economicamente favorecidas, especialmente, por conta dos altos custos de seus tratamentos, a ausência de negros na publicidade – mesmo que a população brasileira seja, majoritariamente, declarada parda e negra[15] – pode estar ligada à brutal desigualdade existente no Brasil e correlata negação de acesso aos referidos serviços pela simples falta de recursos econômicos[16].

De outra banda, a insistência em retratar bebês loiros de olhos azuis remete à eugenia e a possibilidade de *adquirir* o filho "esteticamente perfeito", mesmo que, conforme visto, a eugenia seja proibida no Brasil e a escolha do gameta a ser utilizado na reprodução humana assistida seja protegida pelo anonimato e deva ser feita pelo médico responsável, não pelo consumidor.

O terceiro critério do Quadro 2 envolve a utilização de imagens de bebês gerados nas clínicas. Nos *sites* pesquisados, 34,7% delas apresentam imagens das crianças *que fabricou* como forma de promover seus serviços e transmitir credibilidade aos seus clientes. Publicar fotos de bebês gerados pelas técnicas de reprodução assistida, com informação de nome, data de nascimento e filiação tem um efeito emocional bastante positivo, pois, as fotos de bebês "reais" atestam o sucesso do tratamento[17].

E isso ocorre mesmo quando se identificou que o Conselho Federal de Medicina veda a publicação da figura de pacientes como forma de divulgar técnica, método ou resultado do tratamento, mesmo diante de autorização expressa dos clientes, nos termos do art. 3º, "g", da Resolução n. 1.974/2011.

---

15. INSTITUTO BRASILEIRO DE GEOGRAFIA E ESTATÍSTICA. *Censo Demográfico 2010*: características gerais da população. Disponível em: http://biblioteca.ibge.gov. br/visualizacao/periodicos/94/cd_2010_religiao_deficiencia.pdf. Acesso em: 15 set. 2016, 108. De acordo com o censo de 2010 do IBGE, 50,52% da população brasileira é composta por negros e pardos.
16. SOUZA, Daniel Maurício Viana de. A teoria da "sociedade do espetáculo" e os mass media. *Revista Brasileira de Sociologia*, v. 2, n 4, jul./dez. 2014. As taxas de desemprego e de analfabetismo são maiores entre os negros no Brasil, enquanto a renda é 40% menor.
17. HAWKINS, Jim. Selling ART: An Empirical Assessment of Advertising on Fertility Clinics' Websites. *Indiana Law Journal*, Bloomington, v. 8, n. 4, p. 1147-1179, 2013. p. 1116.

O quarto critério utilizado nessa análise toca às famílias homoafetivas. Dentre os *sites*[18] pesquisados, apenas 3 clínicas aludem a elas, o que corresponde a 13% do total, mesmo quando se sabe que a atual Resolução do Conselho Federal de Medicina permite, de forma expressa, o uso das técnicas de reprodução humana assistida em relacionamentos homoafetivos e autoriza, por exemplo, a gestação compartilhada para que duas mulheres possam contribuir para o projeto parental.

Enfim, o último critério do Quadro 2 diz respeito às manifestações do uso da tecnologia avançada nas clínicas de reprodução humana assistida. Do total de clínicas pesquisadas, 73,9% utiliza imagens de equipamentos como forma de exaltar a tecnologia empregada, objetivando transmitir segurança e capacidade para realizar o tratamento.

Figura 10

Capturado em http://clinifert.com.br/web/no segundo semestre de 2016.

---

18. No *site* da Clínica Fecondare foi possível, ainda, identificar a pergunta: "Como casais homossexuais podem ter filhos?". O texto inicia narrando a história de um casal composto por dois homens que tiveram seus filhos gêmeos nos EUA. A clínica também afirma que os "tratamentos de fertilização assistida feitos em clínicas especializadas é a única maneira pela qual os casais homossexuais podem ter filhos quando não estão interessados em adotar uma criança". Após, apresenta as opções para homens e mulheres, com respaldo na Resolução do Conselho Federal de Medicina. Com esta atitude, a clínica não apenas informa a possibilidade de casais homoafetivos gerarem filhos, mas também apresenta um "caso real" em que esta alternativa se concretizou em solo estrangeiro. Agora que também é autorizada no Brasil, a clínica pretende induzir o leitor a acreditar que a sua tecnologia se equipara a de países estrangeiros, não sendo mais necessário tal deslocamento. A Clínica Fertilizar Medicina Reprodutiva também traz informações que visam a incentivar casais homoafetivos a gerarem filhos biológicos. Afirma que cada vez mais pessoas com este tipo de união procuram as clínicas de reprodução assistida e que o aumento destes atendimentos em consultórios acaba por diminuir com o preconceito existente na sociedade. Desta forma, parece buscar provar que desempenha um papel de cunho social, contribuindo para que diminua a discriminação.

8 • A PUBLICIDADE, VIA *INTERNET*, DA REPRODUÇÃO HUMANA ASSISTIDA | 101

Ainda sobre a questão e a despeito da vedação do Conselho Federal de Medicina sobre o anúncio de aparelhagem de forma a lhe atribuir capacidade privilegiada, clínicas buscam chamar a atenção para os equipamentos e a tecnologia empregada.

É comum a utilização de expressões como "equipamentos de última geração", "tecnologia de ponta" e "alta/avançada tecnologia" ou que remetam para a ideia de segurança no tratamento. É aqui que entra a encenação típica da sociedade do espetáculo, que utiliza imagens de "máquinas estranhas" para despertar no consumidor a sensação de que está contratando um serviço altamente qualificado[19].

O quadro seguinte se propõe a sistematizar informações capturadas nos *sites* consultados.

QUADRO 3: ANÁLISE DE INFORMAÇÕES

Clínica pesquisada	Informação de riscos do tratamento	Informação de taxa de sucesso	Depoimentos positivos sobre a RHA	Depoimentos negativos sobre a RHA	Informação sobre os custos
Androlab Reprodução Humana					
Centro de Fertilidade Saab	x				X
Centro de Fertilização Assistida Procriar					
Centro de Reprodução Humana de Londrina		x			
Centro de Reprodução Humana Nilo Frantz		x			
Centro Integrado da Mulher					
Clínica Fecondare					
Clínica Fertilizar Medicina Reprodutiva			x		
Clínica Gaia	x				
Clínica Plena					
Clínica Segir	x				
Clinifert Centro de Reprodução Humana			x		
Conceber Centro de Medicina Reprodutiva		x	x		

---

19. HAWKINS, Jim. Selling ART: An Empirical Assessment of Advertising on Fertility Clinics´ Websites. *Indiana Law Journal*, Bloomington, v. 8, n. 4, p. 1147-1179, 2013. p. 1159.

Clínica pesquisada	Informação de riscos do tratamento	Informação de taxa de sucesso	Depoimentos positivos sobre a RHA	Depoimentos negativos sobre a RHA	Informação sobre os custos
Conception Centro de Reprodução Humana					
Embryo Centro de Reprodução Humana			x		
Feliccità Instituto de Fertilidade					
Fertclínica	x	x	x		
Fertilitat Centro de Medicina Reprodutiva			x		
Fertway Reprodução Humana			x		
Genesis Centro de Reprodução Humana		x			
Ginoferty Clínica de Medicina reprodutiva					
Materbaby Reprodução Humana e Genética					
Satis Centro de Reprodução Humana de Joinville					

Fonte: autoria própria, 2016.

O primeiro critério escolhido para o Quadro 3 toca os riscos no tratamento de reprodução assistida e nele somente 4 clínicas trazem informações sobre riscos no tratamento de reprodução humana assistida[20] e, nesse contexto, a violação do "dever de informar" os riscos oferecidos pelo serviço parece manifesta.

---

20. A Clínica Segir apenas informa que o percentual de aborto no primeiro trimestre de uma gestação oriunda de fertilização *in vitro* é um pouco maior do que a gravidez espontânea. A Clínica Gaia, no *link* "Dúvidas", indica possíveis consequências pelo uso da medicação. De forma branda, afirma que, como quaisquer outras medicações, pode provocar alguns efeitos colaterais, sendo os mais comuns: dor de cabeça, irritabilidade, calorões e sensação de peso nas pernas, um número reduzido de pacientes (1%) pode apresentar sintomas moderados de hiperovulação. O Centro de Fertilidade Saab, por sua vez, expõe, no *link* "Conselhos", algumas dicas e informações destinadas aos interessados na reprodução assistida. Entre elas, alerta que os pacientes em tratamento de infertilidade normalmente alternam seu estado de humor entre momentos de euforia e de depressão. Diferentemente das anteriores, a Fertclínica apresenta com detalhes os riscos do tratamento de fertilização em um *link* específico denominado "riscos da reprodução assistida". Aponta os problemas envolvendo as possíveis reações à estimulação ovariana, as gestações múltiplas e a probabilidade de abortos espontâneos. Como o objetivo é vender o serviço de reprodução assistida, demonstrando os aspectos positivos das técnicas, são poucas as clínicas que informam os riscos e, quando o fazem,

8 • A PUBLICIDADE, VIA *INTERNET*, DA REPRODUÇÃO HUMANA ASSISTIDA | 103

O segundo critério do Quadro 3, diz respeito à publicização da "taxa de sucesso" da clínica em seus tratamentos médicos. Dos *sites* analisados, somente 5 clínicas informam a sua "taxa de sucesso", mesmo quando, consoante apontado em capítulo anterior, todas as clínicas brasileiras são obrigadas a informar as "taxas de fertilização" à ANVISA desde 2008. Por outro lado, não se pode ignorar que não existe, porém, a obrigação de que as clínicas publiquem tais dados em seus próprios *sites*.

No mais e mediante o uso de lentes lapidadas na seara jusconsumerista existem razões para duvidar da consistência das informações fornecidas, principalmente pela ausência de transparência e clareza em sua formulação e apresentação, o que pode influenciar, erroneamente, as percepções dos consumidores com objetivo de atraí-los para contratar o serviço, em especial, por conta dos *framing effects*: "modos diferentes de apresentar a mesma informação evocam diferentes emoções" e do "efeito de ancoragem" produzidos, em regra, pelas informações difundidas[21].

A questão merece reflexão um pouco mais detida.

Os *sites* recorrem à "taxa de fertilização". Esse dado representa o sucesso que o médico obtém em unir artificialmente o óvulo e o espermatozoide para produzir o embrião e o último Relatório do Sistema Nacional de Embriões registrou que as clínicas brasileiras[22] apresentaram "taxa de fertilização" de cerca de 76%[23]. Este índice, contudo, para o grande público, pode ser ilusório, pois não representa o resultado final do tratamento médico. O êxito da fertilização não significa, necessariamente, que o embrião implantado sobreviveu e a criança nasceu.

Ciente desse problema, os órgãos de fiscalização da reprodução humana assistida nos Estados Unidos utilizam outro índice em seus relatórios: a "taxa de nascimento com vida por implantação embrionária". Tal apontador é muito mais condizente com as expectativas

---

é de maneira muito superficial, como a Clínica Segir, o Centro de Fertilidade Saab e a Clínica Gaia.

21. KAHNEMAN, Daniel. *Rápido e devagar*: duas formas de pensar. Trad. Cássio de Arantes Leite. Rio de Janeiro: Objetiva, 2012. p. 114 e 157-160.
22. Em 2015, 141 clínicas responderam o relatório, em um universo de 150.
23. AGÊNCIA NACIONAL DE VIGILÂNCIA SANITÁRIA. *12º Relatório do Sistema Nacional de Produção de Embriões*. Brasília: Ministério da Saúde, 2019.

104 | A REPRODUÇÃO HUMANA ASSISTIDA NA SOCIEDADE DE CONSUMO

dos autores dos projetos parentais que, no final das contas, querem saber a real probabilidade do nascimento de seus filhos. Apenas para efeito de comparação, de acordo com o relatório emitido pelo governo norte-americano em 2013, dos 73.571 embriões transferidos nos EUA, apenas 27.406 resultaram em nascimentos com vida, o que corresponde a 37,5% do total[24].

Desmembrando este percentual por idade, em se tratando de mulheres acima de 40 anos que utilizam os seus próprios óvulos, este índice chega a 16,2%; em mulheres de 44 anos, 2,9%[25] e, obviamente, o fato de o Brasil não utilizar o nascimento com vida como critério nos documentos oficiais torna a situação ainda mais nebulosa, uma vez que não há como realizar um estudo comparativo com a média nacional.

Oportuna é a lembrança do já destacado artigo 31 do Código de Defesa do Consumidor, regra que permite afirmar que a apresentação hiperbólica e a manipulação dos dados no contexto de encenações elucubradas no afã de conquistar novos consumidores é conduta manifestamente contrária ao Direito. Para além da retrocitada regra capturada na codificação consumerista, o Conselho Federal de Medicina proíbe a conduta de "garantir, prometer ou insinuar bons resultados do tratamento" (art. 3°, "k" da Resolução n. 1.974/2011), assim como a "adulteração de dados estatísticos visando [a] beneficiar-se" (art. 9°, § 2°, "c").

O terceiro e o quarto critérios do Quadro 3 referem-se à divulgação de depoimentos dos pacientes, positivos e negativos, respectivamente. Dos *sites* analisados, 7 clínicas (30,4% do total) possuem *links* que relatam a experiência dos pacientes. Todos os relatos são muito semelhantes: homens e mulheres narram suas trajetórias de sofrimento e tentativas frustradas até chegarem na clínica em que obtiveram o resultado positivo. Alguns postam fotos dos seus bebês e outros expõem toda a família. Pela leitura, percebe-se a forte pressão emocional sentida por quem passa por tratamento de reprodução assistida, tendo em vista que os testemunhos transmitem angústia,

---

24. Com dados de 467 clínicas coletados em 2013, nos EUA.
25. CENTERS FOR DISEASE CONTROL E PREVENTION. *2013 Assisted Reproductive Technology National Summary Report.* Atlanta: CDC, 2015. p. 05.

8 • A PUBLICIDADE, VIA *INTERNET*, DA REPRODUÇÃO HUMANA ASSISTIDA | 105

incerteza, mas também muita satisfação quando são bem-sucedidos, situação típica entre os que participam neste tratamento[26].

Do universo de 67 depoimentos publicados nos *sites*, é possível encontrar vários termos que se repetem, demonstrando percepções e temas recorrentes. A palavra "sonho" é repetida em 38 depoimentos; "Deus" em 28; "alegria" em 14; "sucesso" em 8; "felicidade" em 9; "milagre" em 3 depoimentos e a palavra "anjo" noutros 7 depoimentos. Parece difícil não notar que assim como as fotos dos bebês produzidos pelas clínicas, a exposição dos depoimentos dos pacientes tem por objetivo fins manifestamente mercadológicos.

Isso se percebe, também, quando se nota que nenhuma das clínicas pesquisadas postou depoimentos que denegrissem a sua imagem ou desestimulassem o uso das técnicas de reprodução humana assistida. Não há relatos acerca de quadros de dor ou reações à medicação. Não existem quaisquer descrições de experiências negativas[27].

Assim, o fim último da publicidade novamente é almejado: persuadir os possíveis consumidores a adquirirem o produto ou serviço que está sendo divulgado. Conforme visto, este tipo de exposição do paciente é vedado pelo Conselho Federal de Medicina (de acordo com o art. 3º, "g", da Resolução n. 1.974/2011).

Enfim, o quinto critério do Quadro 3 tangencia a divulgação dos custos dos tratamentos de reprodução humana assistida. Na hipótese, 1 clínica somente apresentou tais informações, o que corresponde a 4,3% do total de *sites* pesquisados o que mostra que em regra, no mínimo, esse mercado caminha sobre os umbrais da licitude.

---

26. LINS, Patrícia Gomes Accioly; PATTI, Elci Antonia de Macedo Ribeiro; PERON, Antonio Cézar; BARBIERI, Valéria. O sentido da maternidade e da infertilidade: um discurso singular. *Estudos de Psicologia*, Campinas, v. 31, n. 3, p. 387-392, jul.-set. 2014. p. 391.
27. CORREA, Marilena. Medicina reprodutiva e desejo de filhos. In GROSSI, Miriam; PORTO, Rozeli; TAMANINI, Marlene. (Org.) *Novas tecnologias reprodutivas conceptivas: questões e desafios*. Brasília: Letras Livres, p. 31-38, 2003. p. 36. A autora defende que os estudos sobre reprodução humana assistida deveriam incluir as mulheres que tiveram experiências negativas, as que se desiludiram, as que optaram por viver com sua infertilidade bem como aquelas que simplesmente decidiram não ter filhos. Além disso, critica a falta de estudos sobre a insatisfação de mulheres e casais com seus bebês oriundos da reprodução assistida.

9
ANTES QUE AS CORTINAS DE FECHEM

A amostra de 23 clínicas (apenas Região Sul) parece ter sido capaz de oferecer bons *insights* sobre o mercado da reprodução humana assistida no Brasil e a reforçar algumas das percepções teóricas acerca da Sociedade do Espetáculo de Debord, bem como outras contribuições sobre consumo, especialmente de Benjamin Barber, Jean Baudrillard, Gilles Lipovetsky.

A ampla publicização deste tipo de serviço – no Brasil e fora dele – comprova a hipótese de que se experimenta, na Contemporaneidade, uma espécie de absorção de atividades cotidianas pelo Mercado, incluída, aqui, a reprodução humana assistida, que há algum tempo passou a ser subjugada pela racionalidade econômica, ainda que, curiosamente, constantemente se negue o caráter mercantilista da referida atividade, seja por meio das imagens utilizadas, seja diante das informações apresentadas na tentativa de criar a ilusão de que não se está comercializando serviço ou produto, mas realizando obra "altruística", por vezes, "celestial".

A temática religiosa esteve bastante presente nos *sites* analisados. As palavras "Deus", "anjo" e "milagre" foram frequentes nos depoimentos. Os médicos são vistos como mensageiros divinos capazes de realizar o "milagre" de uma concepção até então considerada impossível. Reforça-o o fato de que muitas das crianças representadas nas imagens possuem caráter angelical, são brancas, loiras e de olhos azuis, um azul quase inumano.

E outro tema recorrente nos *sites* é a ideia de "sonho", presente nas imagens e em frases que as acompanham e nos cenários bucólicos nas quais muitas delas são artisticamente aprisionadas, bem como, em diversos depoimentos analisados.

É neste "cenário" espetacular que a realidade é manipulada e a ilusão torna-se real[1].

Bebês "perfeitos" puderam ser registrados em imagens, logo são reais.

Casos de "sucesso" foram publicados nos *sites*, sendo igualmente verdadeiros.

Família e *felicidade* estão ao alcance dos consumidores, pouco importando que as chances de sucesso sejam mínimas, que os riscos à saúde possam ser considerados, em alguns casos, bastante altos, que os preços sejam elevados ou que as informações não apenas escassas, mas distorcidas.

Fica no ar uma última questão: que resposta dará o Direito brasileiro no tratamento de muitos dos problemas havidos na seara explorada ao largo destas dezenas de páginas, em especial, quando foi identificado – nos *sites* das clínicas de reprodução humana assistida no Sul do Brasil – serem bastante comuns condutas por meio das quais (a) representações visuais são usadas de forma abusiva, enganosa ou sedutora, (b) informações não são apresentadas com a clareza juridicamente esperada, (c) as figuras dos pacientes são difundidas ao arrepio do regramento do Conselho Federal de Medicina e, ainda que de forma sutil, (d) a felicidade integra os contratos pactuados.

---

1. DEBORD, Guy. *A sociedade do espetáculo*. Trad. Estela dos Santos Abreu. Rio de Janeiro: Contraponto, 1997. p. 15.

REFERÊNCIAS

ABC NEWS. *Baby Gammy:* surrogacy row family cleared of abandoning child with Down syndrome in Thailand. Disponível em: http://www.abc.net.au/news/2016-04-14/baby-gammy-twin-must-remain-with-family-wa-court-rules/7326196. Acesso em: 01 jul. 2016.

ADORNO, Theodor; HORKHEIMER, Max. *Dialetic of Enlightenment:* Philosophical Fragments. Stanford: Stanford University Press, 2002.

AGÊNCIA NACIONAL DE VIGILÂNCIA SANITÁRIA. *12º Relatório do Sistema Nacional de Produção de Embriões.* Brasília: Ministério da Saúde, 2019.

AGÊNCIA NACIONAL DE VIGILÂNCIA SANITÁRIA. *12º Relatório do Sistema Nacional de Produção de Embriões.* Brasília: Ministério da Saúde, 2019.

AGUIRRE, João. Reflexões sobre a multiparentalidade e a repercussão Geral 622 do STF. *Revista Eletrônica Direito e Sociedade,* v. 5, n. 1, p. 269-291, maio 2017.

ALMEIDA, João Batista de. *A proteção jurídica do consumidor.* São Paulo: Saraiva, 2003.

ALVES, Sandrina Maria Araújo Lopes; OLIVEIRA, Clara Costa. Reprodução medicamente assistida: questões bioéticas. *Revista Bioética,* Brasília, v. 22, n. 1, p. 66-75, 2014.

AMERICAN SOCIETY FOR REPRODUCTIVE MEDICINE. *Assisted reproductive technology.* 2015. Disponível em: https://www.asrm.org/uploadedFiles/ASRM_Content/Resources/Patient_Resources/Fact_Sheets_and_Info_Booklets/ART.pdf. Acesso em: 08 ago. 2016.

ANTEQUERA JURADO, Rosario et al. Principales trastornos psicológicos asociados a la infertilidad. *Papeles del Psicólogo,* Madrid, v. 29, n. 2, p. 167-175, 2008.

ARAÚJO, Nádia de; VARGAS, Daniela Trejos; MARTEL, Letícia de Campos Velho. Gestação de substituição: regramento no direito brasileiro e seus aspectos de direito internacional privado. In BAPTISTA, Luiz

Olavo; RAMINA, Larissa; FRIEDRICH, Tatyana Scheila. (Org.). *Direito internacional contemporâneo.* Curitiba: Juruá, 2014.

ARIÈS, Philippe. *História social da criança e da família.* Trad. Dora Flaksman. 2ª ed. Rio de Janeiro: LTC, 1981.

ATLAN, Henri. *O útero artificial.* Trad. Irene Ernest Dias. Rio de Janeiro: Fiocruz, 2006.

BALLESTÉ, Isaac Ravetllat. El interés superior del niño: concepto y delimitación del término. *Educatio Siglo XXI*, v. 30, n. 2, p. 89-108, dez. 2012.

BARBOZA, Heloísa Helena; ALMEIDA, Vitor. (Des)igualdade de gênero: a mulher como sujeito de direito. In TEPEDINO, Gustavo; TEIXEIRA, Ana Carolina Brochado; ALMEIDA, Vitor. *O direito civil*: entre o sujeito e a pessoa. Belo Horizonte: Forum, 2016.

BAUDIN, Thomas Baudin; DE LA CROIX, David; GOBBI, Paula. DINKs, DEWKs & Co. Marriage, Fertility and Childlessness in the United States. 2012. Disponível em https://halshs.archives-ouvertes.fr/hal-00993307/document, Acesso em 14 jun. 2017.

BAUDRILLARD, Jean. *A sociedade de consumo.* Trad. Artur Morão. Lisboa: Edições 70, 2011.

BAUDRILLARD, Jean. *Simulacro e simulações.* Trad. Maria João da Costa Pereira. Lisboa: Relógio D´Água, 1991.

BAUDRILLARD, Jean. *O sistema dos objetos.* Trad. Zulmira Ribero Tavares. São Paulo: Perspectiva, 1973.

BAUMAN, Zygmunt. *Vida para consumo*: a transformação das pessoas em mercadoria. Rio de Janeiro: Zahar, 2008.

BERGALLO, Paola. De la libertad reproductiva a la justicia reproductiva: perspectivas feministas sobre derechos y reproducción. In BERGALLO, Paola (Comp.). *Justicia, género y reproducción.* Buenos Aires: Libraria, 2010.

BERLINGUER, Giovanni; GARRAFA, Volnei. *O mercado humano*: estudo bioético da compra e venda de partes do corpo. Trad. Isabel Regina Augusto. 2 ed. Brasília: UnB, 2001.

BERMEJO, Aracelli Mesquita Bandolin. A validade do contrato de gestação substitutiva ou contratos gestacionais sob o enfoque do seu objeto. In TARIFA ESPOLADOR, Rita de Cássia Resquetti; PAIANO, Daniela Braga (Org.). *Questões atuais dos negócios jurídicos à luz do biodireito*: discussões sobre negócios biojurídicos. Londrina: Thoth, 2019.

BORGES, Jorge Luis. *Ficciones*. [s.c.]: Biblioteca el mundo, 2001.

BORGES, Roxana Cardoso Brasileiro, VASCONCELLOS, Emanuel Lins Freire. Igualdade substancial e autonomia privada no código civil brasileiro de 2002. *Conpedi Law Review*, Florianópolis, v. 1, n. 8, p. 18-41, 2015.

BORGES, Roxana Cardoso Brasileiro. Direitos da personalidade e dignidade: da responsabilidade civil para a responsabilidade constitucional. In DELGADO, Mário Luiz; ALVES, Jones Figueiredo (Coord.). *Questões controvertidas*: responsabilidade civil. São Paulo: Método, 2006, v. 5.

BORGES, Roxana Cardoso Brasileiro. *Disponibilidade dos direitos de personalidade e autonomia privada*. São Paulo: Saraiva, 2005.

BRASIL. *Mais brasileiras esperam chegar aos 30 para ter primeiro filho*. 2014. Disponível em: http://www.brasil.gov.br/saude/2014/10/mais-brasileiras-esperam-chegar-aos-30-para-ter-primeiro-filho. Acesso em: 15 jan. 2015.

BRAGA, Maria das Graças Reis; AMAZONAS, Maria Cristina Lopes de Almeida. Família: maternidade e procriação assistida. *Psicologia em Estudo*, Maringá, v. 10, n. 1, p. 11-18, jan./abr. 2005.

BRASILEIRO, Luciana; HOLANDA, Maria Rita. A proteção da pessoa nas famílias simultâneas. In EHRHARDT, Marcos et al (Org.). *Direito civil constitucional*: a ressignificação dos institutos fundamentais do direito civil contemporâneo e suas consequências. Florianópolis: Conceito, 2014.

BUSNELLI, Francesco Donato. Il diritto della famiglia di fronte al problema della difficile integrazione delle fonti. *Rivista di Diritto Civile*, Padova, v. 62, n. 6, p. 1447-1478, nov./dez. 2016.

CARLOS, Paula Pinhal de; SCHIOCCHET, Taysa. Novas tecnologias reprodutivas e direito: mulheres brasileiras entre benefícios e vulnerabilidades. *Novos Estudos Jurídicos*, Itajaí, v. 11, p. 249-263, 2006.

CARVALHO FILHO, José dos Santos. *Manual de direito administrativo*. 21ª ed. Rio de Janeiro: Lumen Juris, 2009.

CARVALHO, Luis Gustavo Grandinetti Castanho de. O resgate da ética na publicidade. *Revista da EMERJ*, Rio de Janeiro, v. 1, n. 3, p. 127-147, 1998.

CARVALHO SANTOS, J. M. de. *Código civil interpretado*: principalmente do ponto de vista prático – direito de família. 4ª ed. Rio de Janeiro: Freitas Bastos, 1953. v. 4.

CASTRO, Rosa J. Mitochondrial replacement therapy: the UK and US regulatory landscapes. *Journal of Law and the Biosciences*, v. 3, i. 3, p. 726–735, dec. 2016.

CATALAN, Marcos. Antes da ectogênese, a cessão de úteros: talvez esse novo mundo não seja assim, tão admirável. *Revista Eletrônica Direito e Sociedade*, Canoas, v. 07, n. 01, p. 07-11, abr. 2019.

CATALAN, Marcos. Uma ligeira reflexão acerca da hipervulnerabilidade dos consumidores no Brasil. In: Ricardo Sebastián Danuzzo. (Org.). *Derecho de daños y contratos*: desafíos frente a las problemáticas del siglo XXI. Resistencia: Contexto, 2019.

CATALAN, Marcos; CASSEL, Felipe. *Uma sucinta reflexão acerca da negação de liberdades no âmbito da reprodução humana assistida*. Empório do Direito, Florianópolis, 20 dez. 2019.

CATALAN, Marcos; SILVA, Giana de Marco Vianna da. Registro de biparentalidade homoafetiva: um estudo de caso. *Revista Síntese Direito de Família*, n. 92, p. 09-23, out./nov. 2015.

CATALAN, Marcos. La multiparentalidad bajo el lente de los tribunales brasileños: hoy, tal vez, la elección de Sofía habría sido otra. *Revista de Derecho Universidad de Concepción*, Concepción, v. 83, p. 207-226, 2015.

CATALAN, Marcos. Um ensaio sobre a multiparentalidade: explorando no ontem as pegadas que levarão ao amanhã. *Revista da Faculdade de Direito – UFPR*, Curitiba, n. 55, p. 143-162, 2012.

CATALAN, Marcos. A hermenêutica contratual no Código de Defesa do Consumidor. *Revista de Direito do Consumidor*, São Paulo, v. 62, p. 139-161, 2007.

CASTELLS, Manuel. *La galaxia Internet*. Barcelona: Areté, 2001.

CENTERS FOR DISEASE CONTROL E PREVENTION. *2013 Assisted Reproductive Technology National Summary Report*. Atlanta: CDC, 2015.

CERUTTI, Eliza. Gestação por substituição: o que o Brasil pode aprender com a experiência estrangeira. *Revista de Nacional de Direito de Família e Sucessões*, Porto Alegre, v. 12, p. 14-30, maio/jun. 2016.

CERUTTI, Eliza. A ancestralidade genética como desdobramento dos direitos de personalidade. In SOUZA, Ivone Maria Cândido Coelho

REFERÊNCIAS **113**

de (Org.). *Família contemporânea*: uma visão interdisciplinar. Porto Alegre: Letra & Vida, 2011.

COHEN, Glenn; AMORÓS, Esther Farnos. *Derecho y tecnologías reproductivas*. Madrid: Fundación Coloquio Jurídico Europeo, 2014.

CARLOS, Paula Pinhal de; SCHIOCCHET, Taysa. Novas tecnologias reprodutivas e direito: mulheres brasileiras entre benefícios e vulnerabilidades. *Novos Estudos Jurídicos*, Itajaí, v. 11, p. 249-263, 2006.

CORREA, Marilena. Medicina reprodutiva e desejo de filhos. In GROSSI, Miriam; PORTO, Rozeli; TAMANINI, Marlene. (Org.) *Novas tecnologias reprodutivas conceptivas: questões e desafios*. Brasília: Letras Livres, p. 31-38, 2003.

CORREA, Marilena. As novas tecnologias reprodutivas: uma evolução a ser assimilada. *Physis: Revista Saúde Coletiva*, Rio de Janeiro, v. 07, n. 01, p. 69-98, 1997.

CORREA, Marilena. LOYOLA, Maria Andréa. Novas tecnologias reprodutivas: novas estratégias de reprodução? *Physis: Revista Saúde Coletiva*, Rio de Janeiro, v. 09, n. 01, p. 209-234, 1999.

COSTA, Rosely Gomes. O que a seleção de doadores de gametas pode nos dizer sobre noções de raça. *Physis: Revista de Saúde Coletiva*, Rio de Janeiro, v. 14, n. 2, p. 235-255, 2004.

DEBORD, Guy. *A sociedade do espetáculo*. Trad. Estela dos Santos Abreu. Rio de Janeiro: Contraponto, 1997.

DINIZ, Debora. O impacto das tecnologias conceptivas nas relações parentais. *Série Anis*, Brasília, v. 24, p. 01-05, abr. 2001.

DINIZ, Debora. Tecnologias reprodutivas, ética e gênero: o debate legislativo brasileiro. *Série Anis*, Brasília, v. 15, p. 01-10, out. 2000.

DRIGO, Maria Ogécia. A publicidade na perspectiva de Baudrillard. *Comunicação, Mídia e Consumo*, São Paulo, v. 5, n. 14, p. 171-185, nov. 2008.

DURANDIN, Guy. *As mentiras na propaganda e na publicidade*. São Paulo: JSN, 1997.

EL PAÍS. *O custo de ser mãe aos 40 faz prosperar uma bilionária indústria de reprodução assistida*. 2020. Disponível em https://brasil.elpais.com/brasil/2019/07/19/actualidad/1563549009_803035.html. Acesso em: 08 jan. 2020.

ENGELS, Friedrich. *A origem da família, da propriedade privada e do estado*. Trad. José Silveira Paes. São Paulo: Global, 1984.

FACHIN, Luiz Edson. *Direito de família*: elementos críticos à luz do novo código civil brasileiro. 2ª ed. Rio de Janeiro: Renovar, 2003.

FACHIN, Luiz Edson; RUZYK, Carlos Eduardo Pianovski. *Código civil comentado*: direito de família – casamento. São Paulo: Atlas, 2003. p. 17. v. 15.

FACHIN, Luiz Edson. *Teoria crítica do direito civil*. Rio de Janeiro: Renovar, 2000.

FAMILY COURT OF WESTERN AUSTRALIA. *Farnell v. Chambua*. Disponível em: http://www.familycourt.wa.gov.au/_files/Publications/2016FCWA17anon.pdf. Acesso em: 01 jul. 2016.

FARINATI, Débora Marcondes; RIGONI, Maisa dos Santos; MÜLLER, Marisa Campio. Infertilidade: um novo campo da Psicologia da saúde. *Estudos de Psicologia*, Campinas, v. 23, n. 4°, p. 433-439, out./dez. 2006.

FEMINA CENTRO DE REPRODUÇÃO HUMANA ASSISTIDA. *Histórico*. 2016. Disponível em: http://www.reproducaohumanafemina.com.br/medicina-reprodutiva/. Acesso em: 02 ago. 2016.

FINKELSTEIN, Alex et al. *Surrogacy law and policy in U.S.*: a national conversation informed by global lawmaking. New York: Columbia University, 2016.

FOLHA DE S. PAULO. *Lei tende a impedir que trigêmeas sejam separadas na adoção*. 2011. Disponível em: http://www1.folha.uol.com.br/cotidiano/900480-lei-tende-a-impedir-que-trigemeas-sejam-separadas-na-adocao.html. Acesso em: 01 ago. 2016.

FONSECA, Cláudia. Concepções de família e práticas de intervenção: uma contribuição antropológica. *Saúde e Sociedade*, São Paulo, v. 14, n. 2, p. 50-59, maio/ago. 2005.

FONSECA, Larissa Lupião; HOSSNE, William Saad; BARCHIFONTAINE, Christian de Paul de. Doação compartilhada de óvulos: opinião de pacientes em tratamento para infertilidade. *Revista Bioethikos*, São Paulo, v. 3, n. 2, p. 235-240, 2009.

FREIRE DE SÁ, Maria de Fátima; RETTORE, Anna Cristina de Carvalho. A gestação de substituição vista como um contrato em prol da garantia de segurança jurídica aos participantes e à criança a nascer. In TEIXEIRA, Ana Carolina Brochado; RODRIGUES, Renata de Lima

(Coord.). *Contratos, famílias e sucessões*: diálogos interdisciplinares. Indaiatuba: Foco, 2020.

FREIRE FILHO, João. A sociedade do espetáculo revisitada. *Revista FAMECOS*, Porto Alegre, n. 22, p. 33-46, dez. 2003.

FROENER, Carla. *A reprodução humana assistida e a sociedade do espetáculo*: a fragmentação do direito frente à publicidade via internet de tratamento de fertilização. Dissertação, Mestrado em Direito e Sociedade do Unilasalle, Canoas, 2016.

G1. *Indiana dá à luz aos setenta anos e diz não ser velha para ser mãe*. Disponível em: http://g1.globo.com/bemestar/noticia/2016/05/indiana-da-luz-aos-70-anos-e-diz-nao-ser-velha-para-ser-mae.html. Acesso em: 02 ago. 2016.

GARCÍA, Francisco Córdoba. La privacidad genética: concepto, fundamentos y consecuencias. In BORRALLO, Enrique Anarte; MORENO, Fernando Moreno; GARCÍA RUIZ, Carmen (Coord.). *Nuevos conflictos sociales*: el papel de la privacidad. Madrid: Iustel, 2015.

GARRAFA, Volnei; VASCONCELOS, Camila; LUSTOSA, Cátia; MEIRELLES, Ana Thereza; ARANHA, Anderson Vieira. Direito ao conhecimento da origem biológica na reprodução humana assistida: reflexões bioéticas e jurídicas. *Revista Bioética*, Brasília, v. 22, n. 3, p. 509-518, 2014.

GAZETTE REVIEW. What Happened to "Octomon" Nadya Suleman? New Updates Available for 2016. 2015. Disponível em: http://gazettereview.com/2015/07/what-happened-to-octomom-nadya-suleman-new-updates-available/. Acesso em: 20 jan. 2016.

GODINHO, Adriano. *Direito ao próprio corpo*: direitos da personalidade e os atos de limitação voluntária. Curitiba: Juruá, 2014.

GOLDEMBERG, Miriam. *A Arte de pesquisar*: como fazer pesquisa qualitativa em ciências sociais. 8ª ed. Rio de Janeiro: Record, 2004.

GRAZIUSO, Bruna Kern. *Úteros e fronteiras*: gestação de substituição no Brasil e nos Estados Unidos. Florianópolis: Tirant lo blanch, 2018.

HAAB, Tuiskon Bejarano. *Filiação e reprodução humana artificial à luz da constituição e leis civis*. Curitiba: Juruá, 2018.

HABERMAS, Jürgen. *O futuro da natureza humana*: a caminho de uma eugenia liberal? Trad. Karina Jannini. São Paulo: Martins Fontes, 2004.

HALAVAIS, Alexander. *Prefácio*. In RECUERO, Raquel; FRAGOSO, Suely; AMARAL ADRIANA. *Métodos de pesquisa para Internet*. Porto Alegre: Sulina, 2011.

HARARI, Yuval Noah. *Homo Deus*: uma breve história do amanhã. Trad. Paul Geiger. São Paulo: Companhia das Letras, 2016.

HAWKINS, Jim. Selling ART: An Empirical Assessment of Advertising on Fertility Clinics' Websites. *Indiana Law Journal*, Bloomington, v. 8, n. 4, p. 1147-1179, 2013.

HÉRITIER, Françoise. A coxa de Júpiter – reflexões sobre os novos modos de procriação. *Estudos Feministas*, Florianópolis, a. 8, 1º semestre, p. 98-114, 2000.

HUXLEY, Aldous. *Admirável mundo novo*. Trad. Lino Vallandro; Vidal Serrano. Rio de Janeiro: Globo, 2009.

Hypescience. *A mãe mais velha do mundo está morrendo de causas naturais!* Disponível em: https://hypescience.com/a-mae-mais-velha-do-mundo-esta-morrendo-de-causas-naturais/. Acesso em: 12 set.2018.

IBGE. *Síntese de indicadores sociais*: uma análise das condições de vida da população brasileira. Rio de Janeiro: IBGE, 2015.

IKEMOTO, Lisa. *Reprodutive tourism*: equality concerns in the global market for fertility services. In UC Davis Legal Studies Research Paper Serie, n. 189. 2009. Disponível em: http://ssrn.com/abstract=1462477. Acesso em: 20 fev. 2015.

INSTITUTO BRASILEIRO DE GEOGRAFIA E ESTATÍSTICA. *Censo Demográfico 2010*: características gerais da população. Disponível em: http://biblioteca.ibge.gov.br/visualizacao/periodicos/94/cd_2010_religiao_deficiencia.pdf. Acesso em: 15 set. 2016.

JACOBSEN, Michael Hviid; TESTER, Keith. Introdução. In BAUMAN, Zygmunt. *Para que serve a sociologia?* Trad. Carlos Alberto Medeiros. Rio de Janeiro: Zahar, 2015.

JAPPE, Anselm. *Crédito à morte*: a decomposição do capitalismo e suas críticas. Trad. Robson de Oliveira. São Paulo: Hedra, 2013.

KAHNEMAN, Daniel. *Rápido e devagar*: duas formas de pensar. Trad. Cássio de Arantes Leite. Rio de Janeiro: Objetiva, 2012.

KUHN, Martin. Publicidade e poder na sociedade do consumo: compromisso ou indiferença? *Acta Científica – Ciências Humanas*, v. 1, n. 18, p. 87-98, 2010.

LEITE, Tatiana Henriques. Análise crítica sobre a evolução das normas éticas para a utilização das técnicas de reprodução assistida no Brasil. *Ciência & Saúde Coletiva*, Rio de Janeiro, v. 24, n. 3, p. 917-928, 2019.

LEVY, Pierre. *Filosofia world*: o mercado, o ciberespaço, a consciência. Lisboa: Instituto Piaget, 2001.

LINDNER, Sheila Rubia; COELHO, Elza Berger Salema; BÜCHELE, Fátima. O discurso e a prática de médicos sobre direitos reprodutivos. *Saúde & Transformação Social*, Florianópolis, v. 4, n. 3, p. 98-106, 2013.

LINDSTROM, Martin. *Brandwashed o lado oculto do marketing*: controlamos o que compramos ou são as empresas que escolhem por nós? Trad. Rosemarie Ziegelmaier. São Paulo: HSM, 2012.

LINDSTROM, Martin. *A lógica do consumo*: verdades e mentiras sobre por que compramos. Trad. Marcello Lino. Rio de Janeiro: Nova Fronteira, 2009.

LINS, Patrícia Gomes Accioly; PATTI, Elci Antonia de Macedo Ribeiro; PERON, Antonio Cézar; BARBIERI, Valéria. O sentido da maternidade e da infertilidade: um discurso singular. *Estudos de Psicologia*, Campinas, v. 31, n. 3, p. 387-392, jul.- set. 2014.

LIPOVETSKY, Gilles. *O império do efêmero*: a moda e seu destino nas sociedades modernas. Trad. Maria Lúcia Machado. São Paulo: Companhia das Letras, 2009.

LIPOVETSKY, Gilles. *A sociedade da decepção*. Trad. Armando Braio Ara. Barueri: Manole, 2007.

LÔBO, Paulo Luiz Netto. *Direito civil*: famílias. 3ª ed. São Paulo: Saraiva, 2010.

LOBO, Paulo Luiz Netto. Direito ao estado de filiação e direito à origem genética: uma distinção necessária. *Revista CEJ*, Brasília, n. 27, p. 47-56, out./dez. 2004.

LOBO, Paulo Luiz Netto. A informação como direito fundamental do consumidor. *Revista de Direito do Consumidor*, São Paulo, v. 37, p. 59-76, jan./mar. 2001.

LUNA, Naara. Natureza humana criada em laboratório: biologização e genetização do parentesco nas novas tecnologias reprodutivas. *História, Ciências, Saúde – Manguinhos*, v. 12, n. 2, p. 395-417, maio/ ago. 2007.

MACCRACKEN, Grant. Cultura e consumo: uma explicação teórica da estrutura e do movimento do significado cultural dos bens de consumo. *Revista de Administração de Empresas*, São Paulo, v. 47, n. 1, p. 99-115, jan./mar. 2007.

MALUF, Adriana Caldas do Rego Dabus. *Curso de bioética e biodireto*. São Paulo: Atlas, 2010.

MARCUSE, Herbert. *A ideologia da sociedade industrial*. Trad. Giasone Rebuá. 4ª ed. Zahar Editores, 1973

MARQUES, Cláudia Lima. *Contratos no Código de Defesa do Consumidor*: o novo regime das relações contratuais. 5ª ed. São Paulo: RT, 2005.

MARQUES, Cláudia Lima. *Confiança no comércio eletrônico e a proteção do consumidor*. São Paulo: RT, 2004.

MARTINS COSTA, Judith. *A boa-fé no direito privado*: critérios para a sua aplicação. 2ª ed. São Paulo: Saraiva, 2018.

MASI, Domenico de. A sociedade pós-industrial. In MASI, Domenico de. *A sociedade pós-industrial*. 4ª ed. Trad. Anna Maria Capovilla et all. São Paulo: Senac, 2003.

MIRAGEM, Bruno. *Curso de Direito do Consumidor*. 3. ed. São Paulo: RT, 2012.

MOHANTY, Tapan Rajan. Law, liberty and life: a discursive analysis of PCPNDT Act. *Revista Eletrônica Direito e Sociedade*, Canoas, v. 03, n. 02, p. 97-120, nov. 2015.

MONZÓN, José María. ¿Úteros para alquilar o la violación tecnológica de la mujer? *Revista Eletrônica Direito e Sociedade*, Canoas, v. 07, n. 01, p. 219-234, abr. 2019.

MOORE, Keith; PERSAUD, Vid. *Embriologia clínica*. Rio de Janeiro: Elsevier, 2008.

MORIARTY, Sandra; MITCHELL, Nancy; WELLS, William. *Advertising & IMC*: Principles & Practice. 9ª ed. New Jersey: Prentice Hall, 2012.

NAVES, Bruno Torquato de Oliveira; FREIRE DE SÁ, Maria de Fátima. Panorama bioético e jurídico da reprodução humana assistida no Brasil. *Revista Bioética y Derecho*, Barcelona, n. 34, p. 64-80, 2015.

NIGRE, André. *O atuar médico*: direitos e obrigações. 3 ed. Rio de Janeiro: Rubio, 2008.

Noticias YA. *Desmienten embarazo de mujer de 70 años*. Disponível em: https://noticiasya.com/2018/05/23/desmienten-embarazo-de-mujer-de-70-anos/. Acesso em: 04 mar.2019.

O GLOBO. *Pais das trigêmeas tentaram abortar e autorizaram doação*. 2011. Disponível em: http://oglobo.globo.com/brasil/pais-das-trigemeas-tentaram-abortar-autorizaram-doacao-2799143. Acesso em: 01 ago. 2016.

OST, François. Tiempo y contrato: crítica del pacto fáustico. *Doxa*, Alicante, n. 25, p. 597-626, 2002.

OTERO, Marcelo Truzzi. Contratação da barriga de aluguel gratuita e onerosa: legalidade, efeitos e o melhor interesse da criança. *Revista Brasileira de Direito das Famílias e Sucessões*, São Paulo, v. 12, n. 20, p. 19-38, 2011.

PASQUALOTTO, Adalberto de Souza. *Os efeitos obrigacionais da publicidade no código de defesa do consumidor*. São Paulo: RT, 1997.

PINHEIRO, Antônio Gonçalves. Pareceres e resoluções: publicidade e ética. *Revista Bioética*, Brasília, v. 11, n. 2, p. 169-176, 2004.

PINTO, Gerson Neves; BARRETO, Vicente de Paulo. *O direito e suas narrativas*. Porto Alegre: LAEL, 2016.

PIRES, Teresinha Teles. Procreative autonomy, gender equality and right to life: the decision of the Inter-American Court of Human Rights in Artavia Murillo versus Costa Rica. *Revista Direito GV*, São Paulo, v. 13, n. 3, set./dez. 2017.

PITOL, Yasmine Uequed; CATALAN, Marcos. El acoso de consumo en el derecho brasileño. *Revista Critica de Derecho Privado*, Montevideo, v. 14, p. 759-778, 2017.

PONTES DE MIRANDA, Francisco Cavalcanti. *Tratado de direito privado*. t. VII, Rio de Janeiro: Borsoi. 1955.

PORTER, Eduardo. *O preço de todas as coisas: por que pagamos o que pagamos*. Trad. Cássio de Arantes Leite. Rio de Janeiro: Objetiva, 2011.

RAMÍREZ-GALVEZ, Martha. Inscrito nos genes ou escrito nas estrelas? Adoção de crianças e o uso de reprodução humana assistida. *Revista de Antropologia*, São Paulo, v. 54, n. 1, p. 47-87, 2011.

RAMÍREZ-GALVEZ, Martha. Corpos fragmentados e domesticados na reprodução humana assistida. *Cadernos Pagu*, v. 33, p. 83-115, jul./dez. 2009.

RECHT, Steven M. "M" is for the money: Baby M and the surrogate motherhood controversy. *The American University Law Review*, Washington, D. C., v. 37, p. 1.103-1.050, 1988.

RECUERO, Raquel; FRAGOSO, Suely; AMARAL, Adriana. *Métodos de pesquisa para Internet*. Porto Alegre: Sulina, 2011.

REICH, J. Brad; SWINK, Dawn. Outsourcing Human Reproduction: Embrios & Surrogate Services in The Cyberprocriation Area. *Journal of Health Care Law & Policy*, Maryland, v. 4, p. 241-297, 2011.

RIVERA LÓPEZ, Eduardo. *Problemas de vida o muerte*: diez ensayos de bioética. Madrid: Marcial Pons, 2011.

ROCHA, Leonel Severo. *Epistemologia jurídica e democracia*. 2ª ed. São Leopoldo: Unisinos, 2003.

RUZYK, Carlos Eduardo Pianovski. *Institutos fundamentais do direito civil e liberdade(s)*: repensando a dimensão funcional do contrato, da propriedade e da família. Rio de Janeiro: GZ, 2010.

SANDEL, Michael. *Contra a perfeição*: ética na era da engenharia genética. Trad. Ana Carolina Mesquita. Rio de Janeiro: Civilização Brasileira, 2013.

SANTOS, Lionês Araújo dos; MEDEIROS, Juan Felipe Sanchez. A mercantilização do corpo: mídia e capitalismo como principais agentes da promoção do consumo e do mercado. *Espaço Plural*, n. 24, 2011.

SASSATELLI, Roberta. *Consumo, cultura y sociedad*. Buenos Aires: Amorrortu, 2012.

SBS. *New Thai surrogacy law bans foreigners*. Disponível em: http://www.sbs.com.au/news/article/2015/07/31/new-thai-surrogacy-law-bans-foreigners. Acesso em: 01 jul. 2016.

SCHIOCCHET, Taysa. Direitos sexuais a partir de uma perspectiva emancipatória: reconhecimento e efetividade no âmbito jurídico. In SALES, Gabrielle Bezerra; GONÇALVES, Camila Figueiredo Oliveira; CASTILHO, Natália Martinuzzi (Org.). *A concretização dos direitos fundamentais na contemporaneidade*. Fortaleza: Boulesis, 2016. v. 1.

SCHUCHOVSKI, Lays Novaes; PONCIO, Ana Gabriela Rangel; SANTOS, André Filipe Pereira Reid. O lugar da infância na sociedade do consumo: uma sociologia da relação entre publicidade e infância no Brasil. *Panóptica*, Vitória, v. 7, n. 1, p. 71-103, 2012

SCHWARTZ, Germano. A fase pré-autopoética do sistema luhmanniano. In ROCHA, Leonel Severo; SCHWARTZ, Germano; CLAM, Jean.

Introdução à teoria do sistema autopoiético do direito. Porto Alegre: LAEL, 2005.

SCHÜTZ, Alfred. *Sobre fenomenologia e relações sociais.* Petrópolis: Vozes, 2012.

SEN, Amartya. Comportamento econômico e sentimentos morais. *Lua Nova,* São Paulo, n. 25, p. 104-130, abr. 1992.

SIEGEL, Reva. Los argumentos de igualdad sexual a favor de los derechos reproductivos: su fundamento crítico y su expresión constitucional evolución. In BERGALLO, Paola (Comp.). *Justicia, género y reproducción.* Buenos Aires: Libraria, 2010.

SIXTY MINUTES AUSTRALIA. *The Australian parents of baby Gammy speak on 60 minutes.* 2014. Disponível em: http://sixtyminutes. ninemsn.com.au/stories/8887943/the-australian-parents-of-baby--gammy-to-speak-on-60-minutes. Acesso em 20 fev. 2015.

SOUZA, Daniel Maurício Viana de. A teoria da "sociedade do espetáculo" e os mass media. *Revista Brasileira de Sociologia,* v. 2, n 4, jul./dez. 2014.

SPAR, Debora; HARRINGTON, Anna M. Building a Better Baby Business. *Minnesota Journal of Law Science and Technology,* Minesotta, v. 10, n. 1, 41-49, 2009.

SPAR, Debora; HARRINGTON, Anna M. Building a Better Baby Business. *Minnesota Journal of Law Science and Technology,* Minesotta, v. 10, n. 1, 41-49, 2009.

STENGERS, Isabelle; PIGNARRE, Philippe. *La brujería capitalista.* Trad. Victor Goldstein. Buenos Aires: Hekht, 2017.

STIGLITZ, Gabriel. Los derechos de los consumidores en la Constitución nacional. In STIGLITZ, Gabriel; HERNÁNDEZ, Carlos. *Tratado de derecho del consumidor.* Buenos Aires: La Ley, 2015.

STRATHERN, Marilyn. A antropologia e o advento da fertilização *in vitro* no reino unido: uma história curta. *Cadernos Pagu,* v. 33, p. 09-55, jul./dez. 2009.

STRECK, Lenio. *Dicionário de hermenêutica.* São Paulo: Casa do Direito, 2017.

SUPREME COURT OF NEW JERSEY. *In Re Baby M.* Disponível em: http://biotech.law.lsu.edu/cases/cloning/baby_m.htm. Acesso em: 07 jul. 2015.

TAMANINI, Marlene. Novas tecnologias reprodutivas conceptivas: bioética e controvérsias. *Revista Estudos Feministas*, Florianópolis, a. 12, p. 73-107, jan.-abr./2004.

TAVARES, Frederico; IRVING, Marta; VARGAS, Rosa. O "Ter Humano" e os "Kits de Subjetividade": Uma Perspectiva Psicossociológica do Consumo Através da Publicidade. *Conexões Psi*, Rio de Janeiro, v. 2, n. 1, p. 109-127, jan./jun. 2014.

THE TELEGRAPH. *Legal situation of surrogacy explained.* 2014. Disponível em: http://www.telegraph.co.uk/news/worldnews/asia/thailand/11006524/Legal-situation-of-surrogacy-explained.html. Acesso em: 20 fev. 2015.

TIME. *How High-Tech Baby Making Fuels the Infertility Market Boom.* 2014. Disponível em: http://time.com/money/2955345/high-tech-baby-making-is-fueling-a-market-boom/#money/2955345/high-tech-baby-making-is-fueling-a-market-boom/. Acesso em: 10 fev. 2015.

Top 10. *Top 10 mulheres mais velhas a dar à luz na história.* Disponível em: https://top10mais.org/top-10-mulheres-mais-velhas-dar-luz--na-historia/. Acesso em: 12 set.2018.

VAZ, Aline Regina Carrasco. Responsabilidade civil das clínicas de reprodução medicamente assistida: um panorama luso-brasileiro. *Revista Jurídica Luso-Brasileira*, Lisboa, a. 5, n. 2, p. 905-928, 2019.

VAZ, Paulo. Consumo e risco: mídia e experiência do corpo na atualidade. *Comunicação, Mídia e Consumo,* São Paulo, v. 3, n. 6, p. 37-61, mar. 2006.

VENUTI, Maria Carmela. Coppie sterili o infertili e coppie "same-sex": la genitorialità negata come problema giuridico. *Rivista Critica del Diritto Privato*, Napoli, v. 33, n. 2, p. 259-295, giu. 2015.

VEYNE, Paul. *História da vida privada*: do império romano ao ano mil. São Paulo: Companhia das Letras, 2009.

VICE NEWS. *France to legally reconize surrogate children as french citizens.* 2015. Disponível em: https://news.vice.com/article/france-to-legally-recognize-surrogate-children-as-french-citizens. Acesso em: 16 ago. 2016.

VIÈLE, Anne. Notas sobre una lectura de la brujería capitalista: potencia y generosidad del arte de prestar atención. In STENGERS, Isabelle; PIGNARRE, Philippe. *La brujería capitalista.* Trad. Victor Goldstein. Buenos Aires: Hekht, 2017.

VIERA CHERRO, Mariana. Sujetos y cuerpos asistidos: un análisis de la reproducción asistida en el río de la plata. *Civitas*, Porto Alegre, v. 15, n. 2, p. 350-368, abr./jun. 2015.

VÍRGULA. *Mulher grávida de 71 anos pode se tornar a mãe mais velha do mundo.* Disponível em: http://www.virgula.com.br/inacreditavel/mulher-gravida-de-71-anos-pode-se-tornar-a-mae-mais-velha--do-mundo/. Acesso em: 12 set.2018.

WEISSMAN, Ariel et al. Use of the Internet by infertile couples. *Fertility and Sterility,* New York, v. 73, n. 6, p. 1.179-1.182, jun. 2000.

WOLFF, Philip; MARTINHAGO, Ciro Dresch; UENO, Joji. Diagnóstico Genético Pré-Implantacional: Uma ferramenta importante para a rotina da fertilização in vitro? *Femina,* São Paulo, v. 37, n. 6, p. 297-303, jun. 2009.